**일빵빵 +
왕초보 일본어 2**

2018년 6월 1일 초판 1쇄 발행

기   획 | 정지혜
저   자 | 일빵빵어학연구소
감   수 | 이시이 나오미
디 자 인 | 정지혜, 함은혜
마 케 팅 | 차현지
펴 낸 곳 | 토마토출판사
주   소 | 경기도 파주시 파주출판단지 회동길 216 2층
T E L | 1544-5383
홈페이지 | www.tomato2u.co.kr
등   록 | 2012.1.1

2

い형용사 & 동사 편

토마토
출판사

이 책의 구성

문장구조
기초적으로 알아야 하는 문법 요소를 '넣었다 뺐다' 공식을 통해
배워봅니다. 빈칸에 원하는 단어를 넣으면 말하고 싶은 문장을
마음껏 만들 수 있습니다.

단어공부
한 강의당 10개의 단어를 공부합니다.
이 책에는 JLPT N5~N3 수준의 어렵지 않은 단어들만 실었으며
배운 단어를 자연스럽게 복습할 수 있도록 구성했습니다.

문장만들기

이제 직접 문장을 만들어 봅시다. '문장구조'에서 배운
기초 문법을 토대로 하여 '단어 공부'에서 배운 단어를
넣어보며 문장 만드는 **연습**을 해 보세요.

문장듣고따라하기

배웠던 문장구조에 유의하며 책에 수록된 문장들을
함께 듣고 따라 해 보세요.

배운문장연습하기

강의 내용을 제대로 익혔는지 확인해 봅시다.
제시된 한국어 문장을 보면서 일본어 문장을 만들어 보고,
'연습문제 정답'을 통해 몇 개나 맞았는지 확인해 보세요.

일빵빵
왕초보 일본어는

하나,
스마트폰으로 언제, 어디서나
쉽게 공부할 수 있습니다.

둘,
초보자의 눈높이에 딱 맞는 난이도로,
꼭 필요한 내용들을 골라 구성하였습니다.

셋,
가장 기본적인 발음부터 문법, 회화까지
일본어의 기본기를 확실히 다질 수 있습니다.

이제 **일빵빵**과 함께
일본어의 첫걸음을 내딛어 보세요!

일빵빵의 모든 강의는
"Let's 일빵빵"을 통해 무료로 들을 수 있습니다

 "Let's 일빵빵"

스마트폰의 앱스토어 또는 플레이스토어에서
"일빵빵"을 검색해서 "Let's 일빵빵" 앱을 설치 후 청취하세요.

일빵빵 공식 페이스북　**www.facebook.com/ilbangbang**
일빵빵 공식 유튜브　유튜브에서 '**토마토출판사**'를 검색하세요.

목차 일빵빵 왕초보 일본어 2

い형용사&동사 편

■ 동사 문장 익히기

일빵빵 왕초보 일본어 2
い형용사 & 동사 편

■い 형용사 문장 익히기
21~27강

21강

밝은 방입니다

문장구조

い + 명사

* い형용사의 기본형은 어미가 「い」로 끝납니다. い형용사가 명사를 수식할 때는 그대로 명사 앞에 붙입니다.

단어공부

あかるい	밝다	**くらい**	어둡다
あかい	빨갛다	**あおい**	파랗다
あたらしい	새롭다	**ふるい**	낡다
かるい	가볍다	**おもい**	무겁다
ひろい	넓다	**せまい**	좁다

문장을 만들어 봅시다.

あかるい
밝다

くらい
어둡다

あかい
빨갛다

あおい
파랗다

あたらしい
새롭다

ふるい
낡다

かるい
가볍다

おもい
무겁다

ひろい
넓다

せまい
좁다

＋　**명사**　＋　**です**
~입니다

じゃないです
~이/가 아닙니다

문장듣고따라하기

あかるいへやです。

밝은 방입니다.

くらいへやです。

어두운 방입니다.

あかいかさです。

빨간 우산입니다.

あおいかさです。

파란 우산입니다.

あたらしいほんです。

새로운 책입니다

ふる**い**ほんです。
낡은 책입니다.

かる**い**かばんです。
가벼운 가방입니다.

おも**い**かばんです。
무거운 가방입니다.

ひろ**い**みせです。
넓은 가게입니다.

せま**い**みせです。
좁은 가게입니다.

문장듣고따라하기

あかるいへやじゃないです。

밝은 방이 아닙니다.

くらいへやじゃないです。

어두운 방이 아닙니다.

あかいかさじゃないです。

빨간 우산이 아닙니다.

あおいかさじゃないです。

파란 우산이 아닙니다.

あたらしいほんじゃないです。

새로운 책이 아닙니다.

ふる**い**ほんじゃないです。

낡은 책이 아닙니다.

かる**い**かばんじゃないです。

가벼운 가방이 아닙니다.

おも**い**かばんじゃないです。

무거운 가방이 아닙니다.

ひろ**い**みせじゃないです。

넓은 가게가 아닙니다.

せま**い**みせじゃないです。

좁은 가게가 아닙니다.

배운문장연습하기

01. 밝은 방입니다.

02. 어두운 방입니다.

03. 빨간 우산입니다.

04. 파란 우산입니다.

05. 새로운 책입니다.

06. 낡은 책입니다.

07. 가벼운 가방입니다.

08. 무거운 가방입니다.

09. 넓은 가게입니다.

10. 좁은 가게입니다.

11. 밝은 방이 아닙니다.

12. 어두운 방이 아닙니다.

13. 빨간 우산이 아닙니다.

14. 파란 우산이 아닙니다.

15. 새로운 책이 아닙니다.

16. 낡은 책이 아닙니다.

17. 가벼운 가방이 아닙니다.

18. 무거운 가방이 아닙니다.

19. 넓은 가게가 아닙니다.

20. 좁은 가게가 아닙니다.

연습문제정답

01. 밝은 방입니다.

あかるいへやです。

02. 어두운 방입니다.

くらいへやです。

03. 빨간 우산입니다.

あかいかさです。

04. 파란 우산입니다.

あおいかさです。

05. 새로운 책입니다.

あたらしいほんです。

06. 낡은 책입니다.

ふるいほんです。

07. 가벼운 가방입니다.

かるいかばんです。

08. 무거운 가방입니다.

おもいかばんです。

09. 넓은 가게입니다.

ひろいみせです。

10. 좁은 가게입니다.

せまいみせです。

11. 밝은 방이 아닙니다.

あかるいへやじゃないです。

12. 어두운 방이 아닙니다.

くらいへやじゃないです。

13. 빨간 우산이 아닙니다.

あかいかさじゃないです。

14. 파란 우산이 아닙니다.

あおいかさじゃないです。

15. 새로운 책이 아닙니다.

あたらしいほんじゃないです。

16. 낡은 책이 아닙니다.

ふるいほんじゃないです。

17. 가벼운 가방이 아닙니다.

かるいかばんじゃないです。

18. 무거운 가방이 아닙니다.

おもいかばんじゃないです。

19. 넓은 가게가 아닙니다.

ひろいみせじゃないです。

20. 좁은 가게가 아닙니다.

せまいみせじゃないです。

22강 오늘은 춥습니다

문장구조

い + です
~입니다

단어공부

さむい	춥다	**あつい(暑い)**	덥다
つめたい	차갑다	**あつい(熱い)**	뜨겁다
おいしい	맛있다	**まずい**	맛없다
はやい	빠르다	**おそい**	느리다
おもしろい	재미있다	**つまらない**	재미없다

문장을 만들어 봅시다.

주어 + **は** + **さむい** + **です**
은/는   춥다   ~입니다

あつい(暑い)
덥다

つめたい
차갑다

あつい(熱い)
뜨겁다

おいしい
맛있다

まずい
맛없다

はやい
빠르다

おそい
느리다

おもしろい
재미있다

つまらない
재미없다

문장듣고따라하기

きょうはさむいです。

오늘은 춥습니다.

きょうはあついです。

오늘은 덥습니다.

このコーヒーはつめたいです。

이 커피는 차갑습니다.

このコーヒーはあついです。

이 커피는 뜨겁습니다.

あのみせのケーキはおいしいです。

저 가게의 케이크는 맛있습니다.

あのみせのケーキはまずいです。

저 가게의 케이크는 맛없습니다.

KTXは、はやいです。

KTX는 빠릅니다.

ソウルのバスはおそいです。

서울의 버스는 느립니다.

やきゅうはおもしろいです。

야구는 재미있습니다.

サッカーはつまらないです。

축구는 재미없습니다.

문장듣고따라하기

ふゆはさむいです。

겨울은 춥습니다.

なつはあついです。

여름은 덥습니다.

このおちゃはつめたいです。

이 차는 차갑습니다.

このおちゃはあついです。

이 차는 뜨겁습니다.

あのみせのすしはおいしいです。

저 가게의 초밥은 맛있습니다.

あのみせのすしはまずいです。

저 가게의 초밥은 맛없습니다.

かんこくのタクシーは、はやいです。

한국의 택시는 빠릅니다.

にほんのバスはおそいです。

일본의 버스는 느립니다.

スキーはおもしろいです。

스키는 재미있습니다.

テニスはつまらないです。

테니스는 재미없습니다.

배운문장연습하기

01. 오늘은 춥습니다.

02. 오늘은 덥습니다.

03. 이 커피는 차갑습니다.

04. 이 커피는 뜨겁습니다.

05. 저 가게의 케이크는 맛있습니다.

06. 저 가게의 케이크는 맛없습니다.

07. KTX는 빠릅니다.

08. 서울의 버스는 느립니다.

09. 야구는 재미있습니다.

10. 축구는 재미없습니다.

11. 겨울은 춥습니다.

12. 여름은 덥습니다.

13. 이 차는 차갑습니다.

14. 이 차는 뜨겁습니다.

15. 저 가게의 초밥은 맛있습니다.

16. 저 가게의 초밥은 맛없습니다.

17. 한국의 택시는 빠릅니다.

18. 일본의 버스는 느립니다.

19. 스키는 재미있습니다.

20. 테니스는 재미없습니다.

연습문제정답

01. 오늘은 춥습니다.

きょうはさむいです。

02. 오늘은 덥습니다.

きょうはあついです。

03. 이 커피는 차갑습니다.

このコーヒーはつめたいです。

04. 이 커피는 뜨겁습니다.

このコーヒーはあついです。

05. 저 가게의 케이크는 맛있습니다.

あのみせのケーキはおいしいです。

06. 저 가게의 케이크는 맛없습니다.

あのみせのケーキはまずいです。

07. KTX는 빠릅니다.

KTXは、はやいです。

08. 서울의 버스는 느립니다.

ソウルのバスはおそいです。

09. 야구는 재미있습니다.

やきゅうはおもしろいです。

10. 축구는 재미없습니다.

サッカーはつまらないです。

11. 겨울은 춥습니다.

ふゆはさむいです。

12. 여름은 덥습니다.

なつはあついです。

13. 이 차는 차갑습니다.

このおちゃはつめたいです。

14. 이 차는 뜨겁습니다.

このおちゃはあついです。

15. 저 가게의 초밥은 맛있습니다.

あのみせのすしはおいしいです。

16. 저 가게의 초밥은 맛없습니다.

あのみせのすしはまずいです。

17. 한국의 택시는 빠릅니다.

かんこくのタクシーは、はやいです。

18. 일본의 버스는 느립니다.

にほんのバスはおそいです。

19. 스키는 재미있습니다.

スキーはおもしろいです。

20. 테니스는 재미없습니다.

テニスはつまらないです。

23강   학교는 멀지 않습니다

문장구조

い → く + ないです

~지 않습니다

* い형용사를 이용하여 부정문을 만들 때는 어미 「い」를 「く」로 바꾸고 「ない
です」를 붙입니다.

단어공부

ちかい	가깝다	**とおい**	멀다
ながい	길다	**みじかい**	짧다
ねむい	졸리다	**いそがしい**	바쁘다
きたない	더럽다	**こわい**	무섭다
ふゆやすみ	겨울방학	**はるやすみ**	봄방학

문장을 만들어 봅시다.

주어 + **は** + **ちかい→く** + **ないです**
은/는　　　　가깝다　　　　　~지 않습니다

とおい→く
멀다

ながい→く
길다

みじかい→く
짧다

ねむい→く
졸리다

いそがしい→く
바쁘다

きたない→く
더럽다

こわい→く
무섭다

あかるい→く
밝다

くらい→く
어둡다

문장듣고따라하기

がっこうはとおくないです。

학교는 멀지 않습니다.

がっこうはちかくないです。

학교는 가깝지 않습니다.

ふゆやすみはみじかくないです。

겨울 방학은 짧지 않습니다.

はるやすみはながくないです。

봄 방학은 길지 않습니다.

わたしはまだねむくないです。

나는 아직 졸리지 않습니다.

* まだ : 아직

34

よしもとさんは、いまいそがしくないです。

요시모토 씨는 지금 바쁘지 않습니다.

* いま : 지금

このビルのトイレは、きたなくないです。

이 빌딩의 화장실은 더럽지 않습니다.

このえいがはこわくないです。

이 영화는 무섭지 않습니다.

* えいが : 영화

このへやはあかるくないです。

이 방은 밝지 않습니다.

このへやはくらくないです。

이 방은 어둡지 않습니다.

문장듣고따라하기

きょうはさむくないです。
오늘은 춥지 않습니다.

きょうはあつくないです。
오늘은 덥지 않습니다.

どうぶつえんはとおくないです。
동물원은 멀지 않습니다.

びょういんはちかくないです。
병원은 가깝지 않습니다.

そのみせのケーキはおいしくないです。
그 가게의 케이크는 맛있지 않습니다.

ソウルのバスは、はやくないです。

서울의 버스는 빠르지 않습니다.

このかばんはおもくないです。

이 가방은 무겁지 않습니다.

あのレストランはひろくないです。

그 레스토랑은 넓지 않습니다.

あのみちはせまくないです。

그 길은 좁지 않습니다.

たなかさんは、いまいそがしくないです。

다나카 씨는 지금 바쁘지 않습니다.

배운문장연습하기

01. 학교는 멀지 않습니다.

02. 학교는 가깝지 않습니다.

03. 겨울 방학은 짧지 않습니다.

04. 봄 방학은 길지 않습니다.

05. 나는 아직 졸리지 않습니다.

06. 요시모토 씨는 지금 바쁘지 않습니다.

07. 이 빌딩의 화장실은 더럽지 않습니다.

08. 이 영화는 무섭지 않습니다.

09. 이 방은 밝지 않습니다.

10. 이 방은 어둡지 않습니다.

11. 오늘은 춥지 않습니다.

12. 오늘은 덥지 않습니다.

13. 동물원은 멀지 않습니다.

14. 병원은 가깝지 않습니다.

15. 그 가게의 케이크는 맛있지 않습니다.

16. 서울의 버스는 빠르지 않습니다.

17. 이 가방은 무겁지 않습니다.

18. 그 레스토랑은 넓지 않습니다.

19. 그 길은 좁지 않습니다.

20. 다나카 씨는 지금 바쁘지 않습니다.

연습문제정답

01. 학교는 멀지 않습니다.

がっこうはとおくないです。

02. 학교는 가깝지 않습니다.

がっこうはちかくないです。

03. 겨울 방학은 짧지 않습니다.

ふゆやすみはみじかくないです。

04. 봄 방학은 길지 않습니다.

はるやすみはながくないです。

05. 나는 아직 졸리지 않습니다.

わたしはまだねむくないです。

06. 요시모토 씨는 지금 바쁘지 않습니다.

よしもとさんは、いまいそがしくないです。

07. 이 빌딩의 화장실은 더럽지 않습니다.

このビルのトイレは、きたなくないです。

08. 이 영화는 무섭지 않습니다.

このえいがはこわくないです。

09. 이 방은 밝지 않습니다.

このへやはあかるくないです。

10. 이 방은 어둡지 않습니다.

このへやはくらくないです。

11. 오늘은 춥지 않습니다.

きょうはさむくないです。

12. 오늘은 덥지 않습니다.

きょうはあつくないです。

13. 동물원은 멀지 않습니다.

どうぶつえんはとおくないです。

14. 병원은 가깝지 않습니다.

びょういんはちかくないです。

15. 그 가게의 케이크는 맛있지 않습니다.

そのみせのケーキはおいしくないです。

16. 서울의 버스는 빠르지 않습니다.

ソウルのバスは、はやくないです。

17. 이 가방은 무겁지 않습니다.

このかばんはおもくないです。

18. 그 레스토랑은 넓지 않습니다.

あのレストランはひろくないです。

19. 그 길은 좁지 않습니다.

あのみちはせまくないです。

20. 다나카 씨는 지금 바쁘지 않습니다.

たなかさんは、いまいそがしくないです。

24강 지금 밖은 어둡습니까?

문장구조

い + ですか
~니까?

단어공부

にもつ	짐	はこ	상자
りょう	기숙사	そと	밖
りんご	사과	ラーメン	라멘
ドーナツ	도넛	こうちゃ	홍차
しょうせつ	소설	ドラマ	드라마

문장을 만들어 봅시다.

주어 + は + かるい + ですか
은/는   가볍다   ~니까?

おもい
무겁다

あかるい
밝다

くらい
어둡다

まずい
맛없다

おいしい
맛있다

あつい(熱い)
뜨겁다

つめたい
차갑다

おもしろい
재미있다

つまらない
재미없다

문장듣고따라하기

このはこはかるいですか。
이 상자는 가볍습니까?

キムさんのにもつはおもいですか。
김 씨의 짐은 무겁습니까?

りょうのへやはあかるいですか。
기숙사의 방은 밝습니까?

いま、そとはくらいですか。
지금 밖은 어둡습니까?

そのりんごはまずいですか。
그 사과는 맛없습니까?

44

あのみせのドーナツはおいしいですか。
저 가게의 도넛은 맛있습니까?

そのこうちゃはあついですか。
그 홍차는 뜨겁습니까?

かのじょはつめたいですか。
그녀는 (성격이) 차갑습니까?

そのしょうせつはおもしろいですか。
그 소설은 재밌습니까?

そのドラマはつまらないですか。
그 드라마는 재미없습니까?

문장듣고따라하기

そのかばんはかるいですか。

그 가방은 무겁습니까?

よしもとさんはいそがしいですか。

요시모토 씨는 바쁩니까?

びじゅつかんはとおいですか。

미술관은 멉니까?

プールはちかいですか。

수영장은 가깝습니까?

がっこうのWi-Fiは、はやいですか。

학교의 와이파이는 빠릅니까?

ソウルのバスはおそいですか。

서울의 버스는 느립니까?

そのえいがはこわいですか。

그 영화는 무섭습니까?

そのみせのすしはおいしいですか。

그 가게의 초밥은 맛있습니까?

やきゅうはおもしろいですか。

야구는 재미있습니까?

すうがくのじゅぎょうはつまらないですか。

수학 수업은 재미없습니까?

배운문장연습하기

01. 이 상자는 가볍습니까?

02. 김 씨의 짐은 무겁습니까?

03. 기숙사의 방은 밝습니까?

04. 지금 밖은 어둡습니까?

05. 그 사과는 맛없습니까?

06. 저 가게의 도넛은 맛있습니까?

07. 그 홍차는 뜨겁습니까?

08. 그녀는 (성격이) 차갑습니까?

09. 그 소설은 재밌습니까?

10. 그 드라마는 재미없습니까?

11. 그 가방은 무겁습니까?

12. 요시모토 씨는 바쁩니까?

13. 미술관은 멉니까?

14. 수영장은 가깝습니까?

15. 학교의 와이파이는 빠릅니까?

16. 서울의 버스는 느립니까?

17. 그 영화는 무섭습니까?

18. 그 가게의 초밥은 맛있습니까?

19. 야구는 재미있습니까?

20. 수학 수업은 재미없습니까?

연습문제정답

01. 이 상자는 가볍습니까?

このはこはかるいですか。

02. 김 씨의 짐은 무겁습니까?

キムさんのにもつはおもいですか。

03. 기숙사의 방은 밝습니까?

りょうのへやはあかるいですか。

04. 지금 밖은 어둡습니까?

いま、そとはくらいですか。

05. 그 사과는 맛없습니까?

そのりんごはまずいですか。

06. 저 가게의 도넛은 맛있습니까?

あのみせのドーナツはおいしいですか。

07. 그 홍차는 뜨겁습니까?

そのこうちゃはあついですか。

08. 그녀는 (성격이) 차갑습니까?

かのじょはつめたいですか。

09. 그 소설은 재밌습니까?

そのしょうせつはおもしろいですか。

10. 그 드라마는 재미없습니까?

そのドラマはつまらないですか。

11. 그 가방은 무겁습니까?

そのかばんはかるいですか。

12. 요시모토 씨는 바쁩니까?

よしもとさんはいそがしいですか。

13. 미술관은 멉니까?

びじゅつかんはとおいですか。

14. 수영장은 가깝습니까?

プールはちかいですか。

15. 학교의 와이파이는 빠릅니까?

がっこうのWi-Fiは、はやいですか。

16. 서울의 버스는 느립니까?

ソウルのバスはおそいですか。

17. 그 영화는 무섭습니까?

そのえいがはこわいですか。

18. 그 가게의 초밥은 맛있습니까?

そのみせのすしはおいしいですか。

19. 야구는 재미있습니까?

やきゅうはおもしろいですか。

20. 수학 수업은 재미없습니까?

すうがくのじゅぎょうはつまらないですか。

25강 오늘은 바람이 강해서 춥습니다

문장구조

い → くて

~하고/~해서

* い형용사를 이용해서 문장을 연결해 봅시다. 어미「い」를 떼고「くて」를 붙여 주면 '~해서,~하고'라는 뜻이 됩니다.

단어공부

つよい	강하다	**よわい**	약하다
やさしい (易しい)	쉽다	**むずかしい**	어렵다
たかい	비싸다	**やすい**	싸다
あたたかい	따뜻하다	**すずしい**	시원하다
やさしい (優しい)	상냥하다	**かわいい**	귀엽다

문장을 만들어 봅시다.

주어 + **は** +
은/는

つよい
강하다

+ **くて~**
~하고/~해서

주어 + **が** +
이/가

よわい
약하다

やさしい (易しい)
쉽다

むずかしい
어렵다

たかい
비싸다

やすい
싸다

あたたかい
따뜻하다

すずしい
시원하다

やさしい (優しい)
상냥하다

かわいい
귀엽다

문장듣고따라하기

きょうはかぜがつよくてさむいです。

오늘은 바람이 강해서 춥습니다.

* かぜ : 바람

エアコンのかぜがよわくてあついです。

에어컨의 바람이 약해서 덥습니다.

* エアコン : 에어컨

このほんはやさしくておもしろいです。

이 책은 쉽고 재미있습니다.

このほんはむずかしくてつまらないです。

이 책은 어렵고 재미없습니다.

このみせのラーメンはやすくておいしいです。

이 가게의 라멘은 싸고 맛있습니다.

このみせのラーメンはたかくてまずいです。

이 가게의 라멘은 비싸고 맛없습니다.

パクさんはやさしくておもしろいです。

박 씨는 상냥하고 재미있습니다.

キムさんはかわいくてやさしいです。

김 씨는 귀엽고 상냥합니다.

はるはあたたかくてあきはすずしいです。

봄은 따뜻하고 가을은 시원합니다.

なつはあつくてふゆはさむいです。

여름은 덥고 겨울은 춥습니다.

문장듣고따라하기

わたしのへやはひろくてあかるいです。

내 방은 넓고 밝습니다.

わたしのへやはせまくてくらいです。

내 방은 좁고 어둡습니다.

このえいがはながくてつまらないです。

이 영화는 길고 재미없습니다.

このビールはつめたくておいしいです。

이 맥주는 차갑고 맛있습니다.

とうきょうのちかてつは、はやくてべんりです。

도쿄의 지하철은 빠르고 편리합니다.

このビルはふるくてくらいです。

이 빌딩은 낡고 어둡습니다.

いなかのバスはおそくてふべんです。

시골의 버스는 느리고 불편합니다.

このりんごはあまくておいしいです。

이 사과는 달고 맛있습니다.

* あまい : 달다

たなかさんはやさしくてきれいです。

다나카 씨는 상냥하고 예쁩니다.

えいごはむずかしくてにほんごはやさしいです。

영어는 어렵고 일본어는 쉽습니다.

배운문장연습하기

01. 오늘은 바람이 강해서 춥습니다.

02. 에어컨의 바람이 약해서 덥습니다.

03. 이 책은 쉽고 재미있습니다.

04. 이 책은 어렵고 재미없습니다.

05. 이 가게의 라멘은 싸고 맛있습니다.

06. 이 가게의 라멘은 비싸고 맛없습니다.

07. 박 씨는 상냥하고 재미있습니다.

08. 김 씨는 귀엽고 상냥합니다.

09. 봄은 따뜻하고 가을은 시원합니다.

10. 여름은 덥고 겨울은 춥습니다.

11. 내 방은 넓고 밝습니다.

12. 내 방은 좁고 어둡습니다.

13. 이 영화는 길고 재미없습니다.

14. 이 맥주는 차갑고 맛있습니다.

15. 도쿄의 지하철은 빠르고 편리합니다.

16. 이 빌딩은 낡고 어둡습니다.

17. 시골의 버스는 느리고 불편합니다.

18. 이 사과는 달고 맛있습니다.

19. 다나카 씨는 상냥하고 예쁩니다.

20. 영어는 어렵고 일본어는 쉽습니다.

연습문제정답

01. 오늘은 바람이 강해서 춥습니다.

きょうはかぜがつよくてさむいです。

02. 에어컨의 바람이 약해서 덥습니다.

エアコンのかぜがよわくてあついです。

03. 이 책은 쉽고 재미있습니다.

このほんはやさしくておもしろいです。

04. 이 책은 어렵고 재미없습니다.

このほんはむずかしくてつまらないです。

05. 이 가게의 라멘은 싸고 맛있습니다.

このみせのラーメンはやすくておいしいです。

06. 이 가게의 라멘은 비싸고 맛없습니다.

このみせのラーメンはたかくてまずいです。

07. 박 씨는 상냥하고 재미있습니다.

パクさんはやさしくておもしろいです。

08. 김 씨는 귀엽고 상냥합니다.

キムさんはかわいくてやさしいです。

09. 봄은 따뜻하고 가을은 시원합니다.

はるはあたたかくてあきはすずしいです。

10. 여름은 덥고 겨울은 춥습니다.

なつはあつくてふゆはさむいです。

11. 내 방은 넓고 밝습니다.

わたしのへやはひろくてあかるいです。

12. 내 방은 좁고 어둡습니다.

わたしのへやはせまくてくらいです。

13. 이 영화는 길고 재미없습니다.

このえいがはながくてつまらないです。

14. 이 맥주는 차갑고 맛있습니다.

このビールはつめたくておいしいです。

15. 도쿄의 지하철은 빠르고 편리합니다.

とうきょうのちかてつははやくてべんりです。

16. 이 빌딩은 낡고 어둡습니다.

このビルはふるくてくらいです。

17. 시골의 버스는 느리고 불편합니다.

いなかのバスはおそくてふべんです。

18. 이 사과는 달고 맛있습니다.

このりんごはあまくておいしいです。

19. 다나카 씨는 상냥하고 예쁩니다.

たなかさんはやさしくてきれいです。

20. 영어는 어렵고 일본어는 쉽습니다.

えいごはむずかしくてにほんごはやさしいです。

26강 어제는 날씨가 좋았습니다

문장구조

い → かったです
~었습니다

* い형용사를 이용하여 과거형을 만들 때는 어미 「い」를 떼고 「かったです」를 붙입니다.

단어공부

すばらしい	훌륭하다	**たのしい**	즐겁다
うるさい	시끄럽다	**うつくしい**	아름답다
いい	좋다	**わるい**	나쁘다
けさ	오늘 아침	**ゆうべ**	어젯밤
そら	하늘	**うみ**	바다

* '좋다'라는 뜻의 형용사 「良い」는 읽는 방법이 「いい」와 「よい」 두가지인데요. 활용은 「よい」로만 합니다. '좋다'의 과거형은 「いかった」가 아니라 「よかった」인 것 기억해 두세요. 참고로 부정형 역시 「よくない」가 됩니다.

문장을 만들어 봅시다.

주어 + **は** + **すばらしい** + **かったです**
은/는 훌륭하다 ~었습니다

たのしい
즐겁다

うるさい
시끄럽다

うつくしい
아름답다

~~いい~~→**よ**
좋다

わるい
나쁘다

さむい
춥다

あかるい
밝다

くらい
어둡다

けさはさむかったです。

오늘 아침은 추웠습니다.

けさはくらかったです。

오늘 아침은 어두웠습니다.

ゆうべのつきはあかるかったです。

어젯밤의 달은 밝았습니다.

*つき : 달

きのうはてんきがよかったです。

어제는 날씨가 좋았습니다.

*てんき : 날씨

きのうはてんきがわるかったです。

어제는 날씨가 나빴습니다.

けさのきょうしつはうるさかったです。
오늘 아침의 교실은 시끄러웠습니다

とうきょうのそらはうつくしかったです。
도쿄의 하늘은 아름다웠습니다.

おきなわのうみはうつくしかったです。
오키나와의 바다는 아름다웠습니다.

* おきなわ : 오키나와

そのびじゅつかんのえは、すばらしかったです。
그 미술관의 그림은 훌륭했습니다.

やきゅうのれんしゅうは、たのしかったです。
야구 연습은 즐거웠습니다.

きのうはあつかったです。

어제는 더웠습니다.

にちようびはあたたかかったです。

일요일은 따뜻했습니다.

せんしゅうはさむかったです。

지난주는 추웠습니다.

えいがかんはくらかったです。

영화관은 어두웠습니다.

えいがはおもしろかったです。

영화는 재미있었습니다.

すうがくのじゅぎょうはつまらな<mark>かったです</mark>。

수학 수업은 재미없었습니다.

にほんごのしけんはやさし<mark>かったです</mark>。

일본어 시험은 쉬웠습니다.

えいごのしけんはむずかし<mark>かったです</mark>。

영어 시험은 어려웠습니다.

きょうよしもとさんはいそがし<mark>かったです</mark>。

오늘 요시모토 씨는 바빴습니다.

キムせんせいはやさし<mark>かったです</mark>。

김 선생님은 상냥했습니다.

배운문장연습하기

01. 오늘 아침은 추웠습니다.

02. 오늘 아침은 어두웠습니다.

03. 어젯밤의 달은 밝았습니다.

04. 어제는 날씨가 좋았습니다.

05. 어제는 날씨가 나빴습니다.

06. 오늘 아침의 교실은 시끄러웠습니다.

07. 도쿄의 하늘은 아름다웠습니다.

08. 오키나와의 바다는 아름다웠습니다.

09. 그 미술관의 그림은 훌륭했습니다.

10. 야구 연습은 즐거웠습니다.

11. 어제는 더웠습니다.

12. 일요일은 따뜻했습니다.

13. 지난주는 추웠습니다.

14. 영화관은 어두웠습니다.

15. 영화는 재미있었습니다.

16. 수학 수업은 재미없었습니다.

17. 일본어 시험은 쉬웠습니다.

18. 영어 시험은 어려웠습니다.

19. 오늘 요시모토 씨는 바빴습니다.

20. 김 선생님은 상냥했습니다.

연습문제정답

01. 오늘 아침은 추웠습니다.

けさはさむかったです。

02. 오늘 아침은 어두웠습니다.

けさはくらかったです。

03. 어젯밤의 달은 밝았습니다.

ゆうべのつきはあかるかったです。

04. 어제는 날씨가 좋았습니다.

きのうはてんきがよかったです。

05. 어제는 날씨가 나빴습니다.

きのうはてんきがわるかったです。

06. 오늘 아침의 교실은 시끄러웠습니다.

けさのきょうしつはうるさかったです。

07. 도쿄의 하늘은 아름다웠습니다.

とうきょうのそらはうつくしかったです。

08. 오키나와의 바다는 아름다웠습니다.

おきなわのうみはうつくしかったです。

09. 그 미술관의 그림은 훌륭했습니다.

そのびじゅつかんのえはすばらしかったです。

10. 야구 연습은 즐거웠습니다.

やきゅうのれんしゅうはたのしかったです。

11. 어제는 더웠습니다.

きのうはあつかったです。

12. 일요일은 따뜻했습니다.

にちようびはあたたかかったです。

13. 지난주는 추웠습니다.

せんしゅうはさむかったです。

14. 영화관은 어두웠습니다.

えいがかんはくらかったです。

15. 영화는 재미있었습니다.

えいがはおもしろかったです。

16. 수학 수업은 재미없었습니다.

すうがくのじゅぎょうはつまらなかったです。

17. 일본어 시험은 쉬웠습니다.

にほんごのしけんはやさしかったです。

18. 영어 시험은 어려웠습니다.

えいごのしけんはむずかしかったです。

19. 오늘 요시모토 씨는 바빴습니다.

きょうよしもとさんはいそがしかったです。

20. 김 선생님은 상냥했습니다.

キムせんせいはやさしかったです。

27강 어제는 별로 춥지 않았습니다

문장구조

い → く + なかったです

~지 않았습니다

* い형용사의 과거부정 문장을 만들 때는 어미 「い」를 「く」로 바꾸고 「なかった
です」를 붙입니다. 「なかったです」는 23강에서 배운 「ないです」의 과거형입
니다.

단어공부

こうばん	파출소	**けしき**	경치
いちご	딸기	**もも**	복숭아

あまり ～ない

「あまり」는 '별로, 그다지'라는 뜻의 부사입니다. 부정 표현과 함께 '별로 ~하
지 않다' '그다지 ~하지 않다'라는 뜻으로 많이 쓰입니다.

예 : がっこうは　あまり　とおくないです。
　　학교는 별로 멀지 않습니다.

ぜんぜん ～ない

「ぜんぜん」은 '전혀'라는 뜻의 부사입니다. 부정 표현과 함께 '전혀 ~하지 않
다'라는 뜻으로 많이 쓰입니다.

예 : しけんは　ぜんぜん　むずかしくなかったです。
　　시험은 전혀 어렵지 않았습니다.

문장을 만들어 봅시다.

주어 + **は** + **さむい→く** + **なかったです**
은/는   춥다   ~지 않았습니다

あつい→く
덥다

あたたかい→く
따뜻하다

すずしい→く
시원하다

とおい→く
멀다

いい→よく
좋다

むずかしい→く
어렵다

おもしろい→く
재미있다

こわい→く
무섭다

おいしい→く
맛있다

문장듣고따라하기

きのうはあまりさむくなかったです。
어제는 별로 춥지 않았습니다.

きのうはあまりあつくなかったです。
어제는 별로 덥지 않았습니다.

きのうはあまりあたたかくなかったです。
어제는 별로 따뜻하지 않았습니다.

きのうはあまりすずしくなかったです。
어제는 별로 시원하지 않았습니다.

あのこうえんはけしきがあまりよくなかった
です。
그 공원은 경치가 별로 좋지 않았습니다.

こうばんはあまりとおくなかったです。

파출소는 별로 멀지 않았습니다.

しけんはあまりむずかしくなかったです。

시험은 별로 어렵지 않았습니다.

そのドラマはあまりおもしろくなかったです。

그 드라마는 별로 재미있지 않았습니다.

そのえいがはあまりこわくなかったです。

그 영화는 별로 무섭지 않았습니다.

* こわい : 무섭다

そのみせのももはあまりおいしくなかった
です。

그 가게의 복숭아는 별로 맛있지 않았습니다.

문장듣고따라하기

きょうはぜんぜんさむくなかったです。

오늘은 전혀 춥지 않았습니다.

きょうはぜんぜんあつくなかったです。

오늘은 전혀 덥지 않았습니다.

そのはこはぜんぜんおもくなかったです。

그 상자는 전혀 무겁지 않았습니다.

よしもとさんはきのうぜんぜんいそがしくなかったです。

요시모토 씨는 어제 전혀 바쁘지 않았습니다.

キムさんのへやはぜんぜんあかるくなかったです。

김 씨의 방은 전혀 밝지 않았습니다.

そのみせはぜんぜんたかくなかったです。

그 가게는 전혀 비싸지 않았습니다.

そのみせはぜんぜんやすくなかったです。

그 가게는 전혀 싸지 않았습니다.

このえいがはぜんぜんおもしろくなかったです。

이 영화는 전혀 재미있지 않았습니다.

そのみせのラーメンはぜんぜんおいしくな
かったです。

그 가게의 라멘은 전혀 맛있지 않았습니다.

にほんごのべんきょうはぜんぜんむずかし
くなかったです。

일본어 공부는 전혀 어렵지 않았습니다.

배운문장연습하기

01. 어제는 별로 춥지 않았습니다.

02. 어제는 별로 덥지 않았습니다.

03. 어제는 별로 따뜻하지 않았습니다.

04. 어제는 별로 시원하지 않았습니다.

05. 그 공원은 경치가 별로 좋지 않았습니다.

06. 파출소는 별로 멀지 않았습니다.

07. 시험은 별로 어렵지 않았습니다.

08. 그 드라마는 별로 재미있지 않았습니다.

09. 그 영화는 별로 무섭지 않았습니다.

10. 그 가게의 복숭아는 별로 맛있지 않았습니다.

11. 오늘은 전혀 춥지 않았습니다.

12. 오늘은 전혀 덥지 않았습니다.

13. 그 상자는 전혀 무겁지 않았습니다.

14. 요시모토 씨는 어제 전혀 바쁘지 않았습니다.

15. 김 씨의 방은 전혀 밝지 않았습니다.

16. 그 가게는 전혀 비싸지 않았습니다.

17. 그 가게는 전혀 싸지 않았습니다.

18. 이 영화는 전혀 재미있지 않았습니다.

19. 그 가게의 라멘은 전혀 맛있지 않았습니다.

20. 일본어 공부는 전혀 어렵지 않았습니다.

연습문제정답

01. 어제는 별로 춥지 않았습니다.

きのうはあまりさむくなかったです。

02. 어제는 별로 덥지 않았습니다.

きのうはあまりあつくなかったです。

03. 어제는 별로 따뜻하지 않았습니다.

きのうはあまりあたたかくなかったです。

04. 어제는 별로 시원하지 않았습니다.

きのうはあまりすずしくなかったです。

05. 그 공원은 경치가 별로 좋지 않았습니다.

あのこうえんはけしきがあまりよくなかったです。

06. 파출소는 별로 멀지 않았습니다.

こうばんはあまりとおくなかったです。

07. 시험은 별로 어렵지 않았습니다.

しけんはあまりむずかしくなかったです。

08. 그 드라마는 별로 재미있지 않았습니다.

そのドラマはあまりおもしろくなかったです。

09. 그 영화는 별로 무섭지 않았습니다.

そのえいがはあまりこわくなかったです。

10. 그 가게의 복숭아는 별로 맛있지 않았습니다.

そのみせのももはあまりおいしくなかったです。

11. 오늘은 전혀 춥지 않았습니다.

きょうはぜんぜんさむくなかったです。

12. 오늘은 전혀 덥지 않았습니다.

きょうはぜんぜんあつくなかったです。

13. 그 상자는 전혀 무겁지 않았습니다.

そのはこはぜんぜんおもくなかったです。

14. 요시모토 씨는 어제 전혀 바쁘지 않았습니다.

よしもとさんはきのうぜんぜんいそがしくなかったです。

15. 김 씨의 방은 전혀 밝지 않았습니다.

キムさんのへはぜんぜんあかるくなかったです。

16. 그 가게는 전혀 비싸지 않았습니다.

そのみせはぜんぜんたかくなかったです。

17. 그 가게는 전혀 싸지 않았습니다.

そのみせはぜんぜんやすくなかったです。

18. 이 영화는 전혀 재미있지 않았습니다.

このえいがはぜんぜんおもしろくなかったです。

19. 그 가게의 라멘은 전혀 맛있지 않았습니다.

そのみせのラーメンはぜんぜんおいしくなかったです。

20. 일본어 공부는 전혀 어렵지 않았습니다.

にほんごのべんきょうはぜんぜんむずかしくなかったです。

일빵빵 왕초보 일본어 2
い형용사 & 동사 편

■ 존재 표현하기
28~29강

28강   사과가 한 개 있습니다

문장구조

주어 + が +   갯수   + あります
     이/가   있습니다

위치 に + 주어 + が + あります
   에   이/가   있습니다

* 동사 「ある」는 사물(살아 있지 않은 것)이 '있다'는 뜻입니다. 「ある」를 정중하게 표현하여 '있습니다'라고 할 때는「あります」, '없습니다'라고 부정할 때는「ありません」이라고 합니다.

단어공부

ひとつ	한 개, 하나	**ふたつ**	두 개, 둘
みっつ	세 개, 셋	**よっつ**	네 개, 넷
いつつ	다섯 개, 다섯	**むっつ**	여섯 개, 여섯
ななつ	일곱 개, 일곱	**やっつ**	여덟 개, 여덟
ここのつ	아홉 개, 아홉	**とお**	열 개, 열

문장을 만들어 봅시다.

주어 + が +
이/가

갯수	
ひとつ	**ふたつ**
한 개	두 개
みっつ	**よっつ**
세 개	네 개
いつつ	**むっつ**
다섯 개	여섯 개
ななつ	**やっつ**
일곱 개	여덟 개
ここのつ	**とお**
아홉 개	열 개

+ あります
있습니다

の +
의

위치	
うえ	**した**
위	아래
まえ	**うしろ**
앞	뒤
なか	**そと**
안	밖

に + 주어 + が + あります
에 　　　이/가 　　 있습니다

문장듣고따라하기

りんごがひとつあります。

사과가 한 개 있습니다.

りんごがふたつあります。

사과가 두 개 있습니다.

ももがみっつあります。

복숭아가 세 개 있습니다.

ももがよっつあります。

복숭아가 네 개 있습니다.

いちごがいつつあります。

딸기가 다섯 개 있습니다.

いちごがむっつあります。

딸기가 여섯 개 있습니다.

りんごがななつあります。

사과가 일곱 개 있습니다.

りんごがやっつあります。

사과가 여덟 개 있습니다.

ももがここのつあります。

복숭아가 아홉 개 있습니다.

ももがとおあります。

복숭아가 열 개 있습니다.

문장듣고따라하기

テーブルのうえにりんごがあります。
테이블 위에 사과가 있습니다.

テーブルのしたにりんごがあります。
테이블 아래에 사과가 있습니다.

テレビのまえにとけいがあります。
텔레비전 앞에 시계가 있습니다.

でんわのうしろにかびんがあります。
전화 뒤에 꽃병이 있습니다.

かばんのなかにほんがあります。
가방 안에 책이 있습니다.

문장을 듣고 따라 해 봅시다.

へやのそとにせんたくきがあります。

방 밖에 세탁기가 있습니다.

* せんたくき : 세탁기

つくえのうえにカップがあります。

책상 위에 컵이 있습니다.

つくえのしたにざっしがあります。

책상 아래에 잡지가 있습니다.

かばんのなかにしんぶんがあります。

가방 안에 신문이 있습니다.

いすのしたにほんがあります。

의자 아래에 책이 있습니다.

배운문장연습하기

01. 사과가 한 개 있습니다.

02. 사과가 두 개 있습니다.

03. 복숭아가 세 개 있습니다.

04. 복숭아가 네 개 있습니다.

05. 딸기가 다섯 개 있습니다.

06. 딸기가 여섯 개 있습니다.

07. 사과가 일곱 개 있습니다.

08. 사과가 여덟 개 있습니다.

09. 복숭아가 아홉 개 있습니다.

10. 복숭아가 열 개 있습니다.

11. 테이블 위에 사과가 있습니다.

12. 테이블 아래에 사과가 있습니다.

13. 텔레비전 앞에 시계가 있습니다.

14. 전화 뒤에 꽃병이 있습니다.

15. 가방 안에 책이 있습니다.

16. 방 밖에 세탁기가 있습니다.

17. 책상 위에 컵이 있습니다.

18. 책상 아래에 잡지가 있습니다.

19. 가방 안에 신문이 있습니다.

20. 의자 아래에 책이 있습니다.

연습문제정답

01. 사과가 한 개 있습니다.

りんごがひとつあります。

02. 사과가 두 개 있습니다.

りんごがふたつあります。

03. 복숭아가 세 개 있습니다.

ももがみっつあります。

04. 복숭아가 네 개 있습니다.

ももがよっつあります。

05. 딸기가 다섯 개 있습니다.

いちごがいつつあります。

06. 딸기가 여섯 개 있습니다.

いちごがむっつあります。

07. 사과가 일곱 개 있습니다.

りんごがななつあります。

08. 사과가 여덟 개 있습니다.

りんごがやっつあります。

09. 복숭아가 아홉 개 있습니다.

ももがここのつあります。

10. 복숭아가 열 개 있습니다.

ももがとおあります。

11. 테이블 위에 사과가 있습니다.

テーブルのうえにりんごがあります。

12. 테이블 아래에 사과가 있습니다.

テーブルのしたにりんごがあります。

13. 텔레비전 앞에 시계가 있습니다.

テレビのまえにとけいがあります。

14. 전화 뒤에 꽃병이 있습니다.

でんわのうしろにかびんがあります。

15. 가방 안에 책이 있습니다.

かばんのなかにほんがあります。

16. 방 밖에 세탁기가 있습니다.

へやのそとにせんたくきがあります。

17. 책상 위에 컵이 있습니다.

つくえのうえにカップがあります。

18. 책상 아래에 잡지가 있습니다.

つくえのしたにざっしがあります。

19. 가방 안에 신문이 있습니다.

かばんのなかにしんぶんがあります。

20. 의자 아래에 책이 있습니다.

いすのしたにほんがあります。

29강　언니가 한 명 있습니다

문장구조

주어 + が + 명수 + います
　　　이/가　　　　　있습니다

장소 に + 주어 + が + います
　　에　　　　　이/가　　있습니다

* 동사「いる」는 사람 또는 동물이 '있다'는 뜻입니다.「いる」를 정중하게 표현 하여 '있습니다'라고 할 때는「います」, '없습니다'라고 부정할 때는「いません」 이라고 합니다.

단어공부

ひとり	한 명	**ふたり**	두 명
さんにん	세 명	**よにん**	네 명
ごにん	다섯 명	**ろくにん**	여섯 명
しちにん **ななにん**	일곱 명	**はちにん**	여덟 명
きゅうにん **くにん**	아홉 명	**じゅうにん**	열 명

문장만들기

문장을 만들어 봅시다.

ちち	아버지	**はは**	어머니
あに	형, 오빠	**あね**	누나, 언니
おとうと	남동생	**いもうと**	여동생

* 일본에서는 나의 가족을 지칭할 때와 타인의 가족을 지칭할 때 호칭을 다르게 씁니다. 위 호칭은 나의 가족을 말할 때 쓰는 호칭입니다.
타인의 가족을 말할 때 쓰는 호칭은 104페이지를 참고하세요.

장소 + に + 주어 + が + います
에 　　　　　이/가 　　있습니다

주어 + が +
이/가

명수	
ひとり	**ふたり**
한 명	두 명
さんにん	**よにん**
세 명	네 명
ごにん	**ろくにん**
다섯 명	여섯 명
しちにん	**はちにん**
일곱 명	여덟 명
きゅうにん	**じゅうにん**
아홉 명	열 명

+ います
있습니다

문장듣고따라하기

あにがいます。
형이 있습니다.

あねがいます。
누나가 있습니다.

いもうとがいます。
여동생이 있습니다.

おとうとがいます。
남동생이 있습니다.

あねがひとりいます。
언니가 한 명 있습니다.

あにがふたりいます。

오빠가 두 명 있습니다.

いもうとがさんにんいます。

여동생이 세 명 있습니다.

おとうとがよにんいます。

남동생이 네 명 있습니다.

がくせいがごにんいます。

학생이 다섯 명 있습니다.

がくせいがろくにんいます。

학생이 여섯 명 있습니다.

문장듣고따라하기

リビングにちちがいます。

거실에 아버지가 있습니다.

* リビング : 거실

キッチンにははがいます。

부엌에 어머니가 있습니다.

* キッチン : 부엌

リビングにいもうとがいます。

거실에 여동생이 있습니다.

キッチンにおとうとがいます。

부엌에 남동생이 있습니다.

このびょういんには、いしゃがきゅうにんいます。

이 병원에는 의사가 아홉 명 있습니다.

きょうしつにせんせいがいます。

교실에 선생님이 있습니다.

きょうしつにがくせいがしちにんいます。

교실에 학생이 일곱 명 있습니다.

みせにおきゃくさんがはちにんいます。

가게에 손님이 여덟 명 있습니다.

*おきゃくさん: 손님

このみせにはてんいんがふたりいます。

이 가게에는 점원이 두 명 있습니다.

このびょういんにはかんごしがじゅうに
んいます。

이 병원에는 간호사가 열 명 있습니다.

배운문장연습하기

01. 형이 있습니다.

02. 누나가 있습니다.

03. 여동생이 있습니다.

04. 남동생이 있습니다.

05. 언니가 한 명 있습니다.

06. 오빠가 두 명 있습니다.

07. 여동생이 세 명 있습니다.

08. 남동생이 네 명 있습니다.

09. 학생이 다섯 명 있습니다.

10. 학생이 여섯 명 있습니다.

11. 거실에 아버지가 있습니다.

12. 부엌에 어머니가 있습니다.

13. 거실에 여동생이 있습니다.

14. 부엌에 남동생이 있습니다.

15. 이 병원에는 의사가 아홉 명 있습니다.

16. 교실에 선생님이 있습니다.

17. 교실에 학생이 일곱 명 있습니다.

18. 가게에 손님이 여덟 명 있습니다.

19. 이 가게에는 점원이 두 명 있습니다.

20. 이 병원에는 간호사가 열 명 있습니다.

연습문제정답

01. 형이 있습니다.

あにがいます。

02. 누나가 있습니다.

あねがいます。

03. 여동생이 있습니다.

いもうとがいます。

04. 남동생이 있습니다.

おとうとがいます。

05. 언니가 한 명 있습니다.

あねがひとりいます。

06. 오빠가 두 명 있습니다.

あにがふたりいます。

07. 여동생이 세 명 있습니다.

いもうとがさんにんいます。

08. 남동생이 네 명 있습니다.

おとうとがよにんいます。

09. 학생이 다섯 명 있습니다.

がくせいがごにんいます。

10. 학생이 여섯 명 있습니다.

がくせいがろくにんいます。

11. 거실에 아버지가 있습니다.

リビングにちちがいます。

12. 부엌에 어머니가 있습니다.

キッチンにははがいます。

13. 거실에 여동생이 있습니다.

リビングにいもうとがいます。

14. 부엌에 남동생이 있습니다.

キッチンにおとうとがいます。

15. 이 병원에는 의사가 아홉 명 있습니다.

このびょういんには、いしゃがきゅうにんいます。

16. 교실에 선생님이 있습니다.

きょうしつにせんせいがいます。

17. 교실에 학생이 일곱 명 있습니다.

きょうしつにがくせいがしちにんいます。

18. 가게에 손님이 여덟 명 있습니다.

みせにおきゃくさんがはちにんいます。

19. 이 가게에는 점원이 두 명 있습니다.

このみせにはてんいんがふたりいます。

20. 이 병원에는 간호사가 열 명 있습니다.

このびょういんにはかんごしがじゅうにんいます。

일본어의 가족 호칭

일본에서는 나의 가족과 타인의 가족을 지칭할 때 부르는 방법이 다릅니다. 아래 표를 보고 함께 공부해 볼까요?

	가족 호칭	다른 사람의 가족	나의 가족
1	할아버지	お祖父さん じい	祖父 そふ
2	할머니	お祖母さん ばあ	祖母 そぼ
3	아버지	お父さん とう	父 ちち
4	어머니	お母さん かあ	母 はは
5	형(오빠)	お兄さん にい	兄 あに
6	누나(언니)	お姉さん ねえ	姉 あね

	가족 호칭	다른 사람의 가족	나의 가족
7	남동생	<ruby>弟<rt>おとうと</rt></ruby>さん	<ruby>弟<rt>おとうと</rt></ruby>
8	여동생	<ruby>妹<rt>いもうと</rt></ruby>さん	<ruby>妹<rt>いもうと</rt></ruby>
9	아들	<ruby>息子<rt>むすこ</rt></ruby>さん	<ruby>息子<rt>むすこ</rt></ruby>
10	딸	<ruby>娘<rt>むすめ</rt></ruby>さん	<ruby>娘<rt>むすめ</rt></ruby>
11	남편	ご<ruby>主人<rt>しゅじん</rt></ruby>	<ruby>夫<rt>おっと</rt></ruby>・<ruby>主人<rt>しゅじん</rt></ruby>
12	아내	<ruby>奥<rt>おく</rt></ruby>さん	<ruby>妻<rt>つま</rt></ruby>・<ruby>家内<rt>かない</rt></ruby>

일빵빵 왕초보 일본어 2
い형용사 & 동사 편

■ 동사 문장 익히기
30~40강

30강 일본어의 동사

동사구분

일본어의 동사는 모두 う단으로 끝납니다. 이 동사들은 총 세 가지 종류로 나뉘는데, 이를 1그룹 동사, 2그룹 동사, 3그룹 동사라고 합니다. 1,2,3그룹 동사는 각각 활용하는 방법이 다르기 때문에 동사가 몇 그룹에 속하는지 구별할 수 있어야 합니다.

■ 1그룹 동사

1그룹에는 총 세 가지 형태의 동사가 속해 있는데요. 아래 조건들 중 하나를 만족한다면 그 동사는 1그룹 동사입니다.

① 「る」를 제외하고 다른 う단으로 끝나는 동사들

う、く、ぐ、す、つ、ぬ、ぶ、む로 끝나는 동사들입니다.

예 かう、いく

② 「る」로 끝나면서 「る」앞이 あ단, う단, お단인 동사들

예 おこる、すわる、つくる

③ 형태는 2그룹이지만 예외적으로 1그룹에 속하는 동사들

이 동사들은 형태적으로는 2그룹에 속해야 하지만 예외적으로 1
그룹인 동사들입니다. 2그룹 동사의 형태는 바로 아래에서 배워
보도록 합시다.

　예　かえる、はいる、しる

■ 2그룹 동사

2그룹 동사에는「る」로 끝나면서「る」앞이 い단, え단인 동사들이
속합니다.

　예　たべる、みる

■ 3그룹 동사

3그룹동사는 활용이 불규칙한 동사입니다. 여기에는 단 두 개의 동사
만있으니 꼭 외워 두세요.

　くる 오다　　する 하다

단어공부

| あう
만나다

1그룹동사

| あそぶ
놀다

| いく
가다

| まつ
기다리다

| かう
사다

| はなす
이야기하다

| のる
타다

| かえる
돌아가다

단어를 읽고 몇그룹 동사인지 써 봅시다.

しる
알다

ねる
자다

たべる
먹다

おしえる
가르치다

みる
보다

する
하다

おきる
일어나다

くる
오다

단어공부정답

あう 만나다	1그룹동사
あそぶ 놀다	1그룹동사
いく 가다	1그룹동사
まつ 기다리다	1그룹동사
かう 사다	1그룹동사
はなす 이야기하다	1그룹동사
のる 타다	1그룹동사
かえる 돌아가다	1그룹예외

| しる 1그룹예외 | ねる 2그룹동사 |
| 알다 | 자다 |

| たべる 2그룹동사 | おしえる 2그룹동사 |
| 먹다 | 가르치다 |

| みる 2그룹동사 | する 3그룹동사 |
| 보다 | 하다 |

| おきる 2그룹동사 | くる 3그룹동사 |
| 일어나다 | 오다 |

단어공부

のむ
마시다

あける
열다

よむ
읽다

ならう
배우다

とる
찍다

つくる
만들다

かく
쓰다

しめる
닫다

단어를 읽고 몇그룹 동사인지 써 봅시다.

あるく
걷다

おぼえる
기억하다

おこる
화내다

よぶ
부르다

およぐ
헤엄치다

あらう
씻다

つかう
사용하다

やすむ
쉬다

단어공부정답

| のむ | 1그룹동사 |
마시다

| あける | 2그룹동사 |
열다

| よむ | 1그룹동사 |
읽다

| ならう | 1그룹동사 |
배우다

| とる | 1그룹동사 |
찍다

| つくる | 1그룹동사 |
만들다

| かく | 1그룹동사 |
쓰다

| しめる | 2그룹동사 |
닫다

あるく 1그룹동사	おぼえる 2그룹동사
걷다	기억하다

おこる 1그룹동사	よぶ 1그룹동사
화내다	부르다

およぐ 1그룹동사	あらう 1그룹동사
헤엄치다	씻다

つかう 1그룹동사	やすむ 1그룹동사
사용하다	쉬다

31강 아침밥을 먹습니다

문장구조

2그룹동사 る + ます
~니다

* 1그룹 동사보다 2그룹 동사가 활용이 더 간단하므로 2그룹부터 공부해 봅시다.
2그룹 동사를 이용하여 정중한 평서문을 만들 때는 동사에서 「る」를 없애고 「ま
す」를 붙입니다.

단어공부

た 食べる	먹다	み 見る	보다
ね 寝る	자다	お 起きる	일어나다
おし 教える	가르치다	ゆうはん 夕飯	저녁밥
あさ 朝	아침	よる 夜	밤
ごぜん 午前	오전	ごご 午後	오후

무엇을+
을/를

몇시에+
에

몇시에 + 무엇을+
에   을/를

<ruby>食<rt>た</rt></ruby>べる
먹다

<ruby>見<rt>み</rt></ruby>る
보다

<ruby>寝<rt>ね</rt></ruby>る
자다

<ruby>起<rt>お</rt></ruby>きる
일어나다

<ruby>教<rt>おし</rt></ruby>える
가르치다

+ます
~니다

문장듣고따라하기

<ruby>朝<rt>あさ</rt></ruby>ご<ruby>飯<rt>はん</rt></ruby>を<ruby>食<rt>た</rt></ruby>べます。

아침밥을 먹습니다.

* 朝ご飯 : 아침밥

<ruby>夕飯<rt>ゆうはん</rt></ruby>を<ruby>食<rt>た</rt></ruby>べます。

저녁밥을 먹습니다.

テレビを<ruby>見<rt>み</rt></ruby>ます。

텔레비전을 봅니다.

ドラマを<ruby>見<rt>み</rt></ruby>ます。

드라마를 봅니다.

<ruby>朝<rt>あさ</rt></ruby>7<ruby>時<rt>じ</rt></ruby>に<ruby>起<rt>お</rt></ruby>きます。

아침 7시에 일어납니다.

午前8時に起きます。

오전 8시에 일어납니다.

夜9時に寝ます。

밤 9시에 잡니다.

午後10時に寝ます。

오후 10시에 잡니다.

日本語を教えます。

일본어를 가르칩니다.

中国語を教えます。

중국어를 가르칩니다.

문장듣고따라하기

私は8時に朝ご飯を食べます。

나는 8시에 아침밥을 먹습니다.

私は7時に夕飯を食べます。

나는 7시에 저녁밥을 먹습니다.

父は午後9時にテレビを見ます。

아버지는 오후 9시에 텔레비전을 봅니다.

母は午後10時にドラマを見ます。

어머니는 오후 10시에 드라마를 봅니다.

妹は朝7時30分に起きます。

여동생은 아침 7시 30분에 일어납니다.

<ruby>弟<rt>おとうと</rt></ruby>は<ruby>朝<rt>あさ</rt></ruby>8<ruby>時<rt>じ</rt></ruby>30<ruby>分<rt>さんじゅっぷん</rt></ruby>に<ruby>起<rt>お</rt></ruby>きます。

남동생은 아침 8시 30분에 일어납니다.

<ruby>私<rt>わたし</rt></ruby>は<ruby>夜<rt>よる</rt></ruby>11<ruby>時<rt>じ</rt></ruby>に<ruby>寝<rt>ね</rt></ruby>ます。

나는 밤 11시에 잡니다.

たなかさんは<ruby>夜<rt>よる</rt></ruby>12<ruby>時<rt>じ</rt></ruby>に<ruby>寝<rt>ね</rt></ruby>ます。

다나카 씨는 밤 12시에 잡니다.

よしもと<ruby>先生<rt>せんせい</rt></ruby>は<ruby>日本語<rt>にほんご</rt></ruby>を<ruby>教<rt>おし</rt></ruby>えます。

요시모토 선생님은 일본어를 가르칩니다.

キム<ruby>先生<rt>せんせい</rt></ruby>は<ruby>中国語<rt>ちゅうごくご</rt></ruby>を<ruby>教<rt>おし</rt></ruby>えます。

김 선생님은 중국어를 가르칩니다.

배운문장연습하기

01. 아침밥을 먹습니다.

02. 저녁밥을 먹습니다.

03. 텔레비전을 봅니다.

04. 드라마를 봅니다.

05. 아침 7시에 일어납니다.

06. 오전 8시에 일어납니다.

07. 밤 9시에 잡니다.

08. 오후 10시에 잡니다.

09. 일본어를 가르칩니다.

10. 중국어를 가르칩니다.

11. 나는 8시에 아침밥을 먹습니다.

12. 나는 7시에 저녁밥을 먹습니다.

13. 아버지는 오후 9시에 텔레비전을 봅니다.

14. 어머니는 오후 10시에 드라마를 봅니다.

15. 여동생은 아침 7시 30분에 일어납니다.

16. 남동생은 아침 8시 30분에 일어납니다.

17. 나는 밤 11시에 잡니다.

18. 다나카 씨는 밤 12시에 잡니다.

19. 요시모토 선생님은 일본어를 가르칩니다.

20. 김 선생님은 중국어를 가르칩니다.

연습문제정답

01. 아침밥을 먹습니다.

朝ご飯を食べます。

02. 저녁밥을 먹습니다.

夕飯を食べます。

03. 텔레비전을 봅니다.

テレビを見ます。

04. 드라마를 봅니다.

ドラマを見ます。

05. 아침 7시에 일어납니다.

朝7時に起きます。

06. 오전 8시에 일어납니다.

午前8時に起きます。

07. 밤 9시에 잡니다.

夜9時に寝ます。

08. 오후 10시에 잡니다.

午後10時に寝ます。

09. 일본어를 가르칩니다.

日本語を教えます。

10. 중국어를 가르칩니다.

中国語を教えます。

11. 나는 8시에 아침밥을 먹습니다.

私は8時に朝ご飯を食べます。

12. 나는 7시에 저녁밥을 먹습니다.

私は7時に夕飯を食べます。

13. 아버지는 오후 9시에 텔레비전을 봅니다.

父は午後9時にテレビを見ます。

14. 어머니는 오후 10시에 드라마를 봅니다.

母は午後10時にドラマを見ます。

15. 여동생은 아침 7시 30분에 일어납니다.

妹は朝7時30分に起きます。

16. 남동생은 아침 8시 30분에 일어납니다.

弟は朝8時30分に起きます。

17. 나는 밤 11시에 잡니다.

私は夜11時に寝ます。

18. 다나카 씨는 밤 12시에 잡니다.

たなかさんは夜12時に寝ます。

19. 요시모토 선생님은 일본어를 가르칩니다.

よしもと先生は日本語を教えます。

20. 김 선생님은 중국어를 가르칩니다.

キム先生は中国語を教えます。

32강 과일은 거의 먹지 않습니다

문장구조

ほとんど + 2그룹동사 る + ません
거의   ~지 않습니다

* 2그룹 동사를 이용하여 정중한 부정문을 만들 때는 동사에서 「る」를 없애고 「ま
せん」을 붙입니다. 「ほとんど」는 '거의'라는 뜻의 부사로 부정적인 표현과 함께
쓰여서 빈도수가 매우 적은 상황을 나타냅니다.

단어공부

着る (き)	입다	**ふく**	옷
シャツ	셔츠	**スカート**	치마, 스커트
白い (しろ)	희다	**黒い** (くろ)	검다
甘い (あま)	달다	**からい**	맵다
こわい	무섭다	**かなしい**	슬프다

문장을 만들어 봅시다.

무엇은 + **ほとんど** + **着^きる** + **ません**

은/는 거의 입다 ~지 않습니다

食^たべる

먹다

見^みる

보다

문장듣고따라하기

白いシャツはほとんど着ません。
しろ 　　　　　　　　　　　 き

흰 셔츠는 거의 입지 않습니다.

黒いシャツはほとんど着ません。
くろ 　　　　　　　　　　　 き

검은 셔츠는 거의 입지 않습니다.

赤いふくはほとんど着ません。
あか 　　　　　　　　　　 き

빨간 옷은 거의 입지 않습니다.

青いふくはほとんど着ません。
あお 　　　　　　　　　　 き

파란 옷은 거의 입지 않습니다.

朝ご飯はほとんど食べません。
あさ はん 　　　　　　　 た

아침밥은 거의 먹지 않습니다.

文장을 듣고 따라 해 봅시다.

夕飯はほとんど食べません。

저녁밥은 거의 먹지 않습니다.

からいものはほとんど食べません。

매운 것은 거의 먹지 않습니다.

甘いものはほとんど食べません。

단 것은 거의 먹지 않습니다.

こわいえいがはほとんど見ません。

무서운 영화는 거의 보지 않습니다.

かなしいえいがはほとんど見ません。

슬픈 영화는 거의 보지 않습니다.

문장듣고따라하기

ケーキはほとんど食^たべません。

케이크는 거의 먹지 않습니다.

ラーメンはほとんど食^たべません。

라멘은 거의 먹지 않습니다.

くだものはほとんど食^たべません。

과일은 거의 먹지 않습니다.

パンはほとんど食^たべません。

빵은 거의 먹지 않습니다.

あかるいいろのふくは、ほとんど着^きません。 *いろ：색

밝은 색의 옷은 거의 입지 않습니다.

げつようびはテレビを見ません。

월요일은 텔레비전을 보지 않습니다.

きんようびはドラマを見ません。

금요일은 드라마를 보지 않습니다.

私はテレビはほとんど見ません。

나는 텔레비전은 거의 보지 않습니다.

かのじょはドラマはほとんど見ません。

그녀는 드라마는 거의 보지 않습니다.

くらいいろのふくは、ほとんど着ません。

어두운 색의 옷은 거의 입지 않습니다.

배운문장연습하기

01. 흰 셔츠는 거의 입지 않습니다.

02. 검은 셔츠는 거의 입지 않습니다.

03. 빨간 옷은 거의 입지 않습니다.

04. 파란 옷은 거의 입지 않습니다.

05. 아침밥은 거의 먹지 않습니다.

06. 저녁밥은 거의 먹지 않습니다.

07. 매운 것은 거의 먹지 않습니다.

08. 단 것은 거의 먹지 않습니다.

09. 무서운 영화는 거의 보지 않습니다.

10. 슬픈 영화는 거의 보지 않습니다.

11. 케이크는 거의 먹지 않습니다.

12. 라멘은 거의 먹지 않습니다.

13. 과일은 거의 먹지 않습니다.

14. 빵은 거의 먹지 않습니다.

15. 밝은 색의 옷은 거의 입지 않습니다.

16. 월요일은 텔레비전을 보지 않습니다.

17. 금요일은 드라마를 보지 않습니다.

18. 나는 텔레비전은 거의 보지 않습니다.

19. 그녀는 드라마는 거의 보지 않습니다.

20. 어두운 색의 옷은 거의 입지 않습니다.

연습문제정답

01. 흰 셔츠는 거의 입지 않습니다.

白いシャツはほとんど着ません。

02. 검은 셔츠는 거의 입지 않습니다.

黒いシャツはほとんど着ません。

03. 빨간 옷은 거의 입지 않습니다.

赤いふくはほとんど着ません。

04. 파란 옷은 거의 입지 않습니다.

青いふくはほとんど着ません。

05. 아침밥은 거의 먹지 않습니다.

朝ご飯はほとんど食べません。

06. 저녁밥은 거의 먹지 않습니다.

夕飯はほとんど食べません。

07. 매운 것은 거의 먹지 않습니다.

からいものはほとんど食べません。

08. 단 것은 거의 먹지 않습니다.

甘いものはほとんど食べません。

09. 무서운 영화는 거의 보지 않습니다.

こわいえいがはほとんど見ません。

10. 슬픈 영화는 거의 보지 않습니다.

かなしいえいがはほとんど見ません。

11. 케이크는 거의 먹지 않습니다.

ケーキはほとんど食べません。

12. 라멘은 거의 먹지 않습니다.

ラーメンはほとんど食べません。

13. 과일은 거의 먹지 않습니다.

くだものはほとんど食べません。

14. 빵은 거의 먹지 않습니다.

パンはほとんどたべません。

15. 밝은 색의 옷은 거의 입지 않습니다.

あかるいいろのふくは、ほとんど着ません。

16. 월요일은 텔레비전을 보지 않습니다.

げつようびはテレビを見ません。

17. 금요일은 드라마를 보지 않습니다.

きんようびはドラマを見ません。

18. 나는 텔레비전은 거의 보지 않습니다.

私はテレビはほとんど見ません。

19. 그녀는 드라마는 거의 보지 않습니다.

かのじょはドラマはほとんど見ません。

20. 어두운 색의 옷은 거의 입지 않습니다.

くらいいろのふくは、ほとんど着ません。

33강 문을 열었습니다

문장구조

2그룹동사 る + ました
~었습니다

* 2그룹 동사를 이용하여 정중한 과거형을 만들 때는 동사에서 「る」를 없애고 「ました」를 붙입니다.

단어공부

あ 開ける	열다	し 閉める	닫다
あつ 集める	모으다	な 投げる	던지다
きって 切手	우표	いし 石	돌
ひ だ 引き出し	서랍	カーテン	커튼
ボール	공	ドア	문

무엇を +
을/를

あ
開ける
열다

し
閉める
닫다

あつ
集める
모으다

な
投げる
던지다

+ ました
~었습니다

문장듣고따라하기

ドアを開けました。

문을 열었습니다.

まどを開けました。

창문을 열었습니다.

＊まど : 창문

引き出しを閉めました。

서랍을 닫았습니다.

カーテンを閉めました。

커튼을 닫았습니다.

学生を集めました。

학생을 모았습니다.

문장을 듣고 따라 해 봅시다.

切手を集めました。

우표를 모았습니다.

ボールを投げました。

공을 던졌습니다.

石を投げました。

돌을 던졌습니다.

ドアを閉めました。

문을 닫았습니다.

カーテンを開けました。

커튼을 열었습니다.

문장듣고따라하기

あさ はん た
朝ご飯を食べました。

아침밥을 먹었습니다.

ゆうはん た
夕飯を食べました。

저녁밥을 먹었습니다.

み
テレビを見ました。

텔레비전을 보았습니다.

み
ドラマを見ました。

드라마를 보았습니다.

あさ じ お
朝7時に起きました。

아침 7시에 일어났습니다.

午前8時に起きました。
ごぜん　じ　お

오전 8시에 일어났습니다.

夜9時に寝ました。
よる　じ　ね

밤 9시에 잤습니다.

午後10時に寝ました。
ごご　じ　ね

오후 10시에 잤습니다.

よしもと先生は日本語を教えました。
せんせい　にほんご　おし

요시모토 선생님은 일본어를 가르쳤습니다.

キム先生は中国語を教えました。
せんせい　ちゅうごくご　おし

김 선생님은 중국어를 가르쳤습니다.

배운문장연습하기

01. 문을 열었습니다.

02. 창문을 열었습니다.

03. 서랍을 닫았습니다.

04. 커튼을 닫았습니다.

05. 학생을 모았습니다.

06. 우표를 모았습니다.

07. 공을 던졌습니다.

08. 돌을 던졌습니다.

09. 문을 닫았습니다.

10. 커튼을 열었습니다.

11. 아침밥을 먹었습니다.

12. 저녁밥을 먹었습니다.

13. 텔레비전을 보았습니다.

14. 드라마를 보았습니다.

15. 아침 7시에 일어났습니다.

16. 오전 8시에 일어났습니다.

17. 밤 9시에 잤습니다.

18. 오후 10시에 잤습니다.

19. 요시모토 선생님은 일본어를 가르쳤습니다.

20. 김 선생님은 중국어를 가르쳤습니다.

연습문제정답

01. 문을 열었습니다.

ドアを開けました。

02. 창문을 열었습니다.

まどを開けました。

03. 서랍을 닫았습니다.

引き出しを閉めました。

04. 커튼을 닫았습니다.

カーテンを閉めました。

05. 학생을 모았습니다.

学生を集めました。

06. 우표를 모았습니다.

切手を集めました。

07. 공을 던졌습니다.

ボールを投げました。

08. 돌을 던졌습니다.

石を投げました。

09. 문을 닫았습니다.

ドアを閉めました。

10. 커튼을 열었습니다.

カーテンを開けました。

11. 아침밥을 먹었습니다.

朝ご飯を食べました。

12. 저녁밥을 먹었습니다.

夕飯を食べました。

13. 텔레비전을 보았습니다.

テレビを見ました。

14. 드라마를 보았습니다.

ドラマを見ました。

15. 아침 7시에 일어났습니다.

朝7時に起きました。

16. 오전 8시에 일어났습니다.

午前8時に起きました。

17. 밤 9시에 잤습니다.

夜9時に寝ました。

18. 오후 10시에 잤습니다.

午後10時に寝ました。

19. 요시모토 선생님은 일본어를 가르쳤습니다.

よしもと先生は日本語を教えました。

20. 김 선생님은 중국어를 가르쳤습니다.

キム先生は中国語を教えました。

34강 　　신문을 읽습니다

문장구조

1그룹동사 う단음 → い단음 ＋ ます
~니다

* 1그룹 동사를 이용하여 정중한 표현을 만들려면, 동사 마지막 う단음을 い단음
으로 바꾼 후「ます」를 붙여줍니다.

단어공부

よ **読む**	읽다	の **飲む**	마시다
か **書く**	쓰다	い **行く**	가다
あ **会う**	만나다	しんぶん **新聞**	신문
かんこく **韓国**	한국	にほん **日本**	일본
へんじ **返事**	답장	まいにち **毎日**	매일

문장을 만들어 봅시다.

무엇を +　　^よ**読む → み**　　+ **ます**
을/를　　　　　　　읽다　　　　　　~니다

　　　　　　^の**飲む → み**
　　　　　　　마시다

　　　　　　^か**書← → き**
　　　　　　　쓰다

어디に +　　^い**行← → き**　　+ **ます**
에　　　　　　　기다　　　　　　~니다

누구に +　　^あ**会う → い**　　+ **ます**
을/를　　　　　　만나다　　　　　~니다

* 동사「あう」를 쓸 때는 조사「を」대신「に」를 사용합니다.

* 「行く (いく, 가다) 」「来る (くる, 오다) 」「帰る (かえる, 돌아가다)」
  위 세가지 동사에는 조사「に(~에)」와「へ(~에)」를 모두 사용할 수 있습니다.

문장듣고따라하기

しんぶん よ
新聞を読みます。

신문을 읽습니다.

ほん よ
本を読みます。

책을 읽습니다.

こうちゃ の
紅茶を飲みます。

홍차를 마십니다.

の
コーヒーを飲みます。

커피를 마십니다.

てがみ か
手紙を書きます。

편지를 씁니다.

返事を書きます。
답장을 씁니다.

日本に行きます。
일본에 갑니다.

韓国に行きます。
한국에 갑니다.

友達に会います。
친구를 만납니다.

先生に会います。
선생님을 만납니다.

문장듣고따라하기

私は毎日新聞を読みます。

나는 매일 신문을 읽습니다.

彼は毎日本を読みます。

그는 매일 책을 읽습니다.

私は毎日紅茶を飲みます。

나는 매일 홍차를 마십니다.

彼女は毎日コーヒーを飲みます。

그녀는 매일 커피를 마십니다.

たなかさんは小説を書きます。

다나카 씨는 소설을 씁니다.

わたし　　　まいにちがっこう　　　い
私は毎日学校に行きます。

나는 매일 학교에 갑니다.

わたし　　　まいにち　としょかん　　　い
私は毎日図書館に行きます。

나는 매일 도서관에 갑니다.

にほん　　い
たなかさんは日本に行きます。

다나카 씨는 일본에 갑니다.

わたし　　きょう　ともだち　　あ
私は今日友達に会います。

나는 오늘 친구를 만납니다.

わたし　　きょう　せんせい　　あ
私は今日先生に会います。

나는 오늘 선생님을 만납니다.

배운문장연습하기

01. 신문을 읽습니다.

02. 책을 읽습니다.

03. 홍차를 마십니다.

04. 커피를 마십니다.

05. 편지를 씁니다.

06. 답장을 씁니다.

07. 일본에 갑니다.

08. 한국에 갑니다.

09. 친구를 만납니다.

10. 선생님을 만납니다.

11. 나는 매일 신문을 읽습니다.

12. 그는 매일 책을 읽습니다.

13. 나는 매일 홍차를 마십니다.

14. 그녀는 매일 커피를 마십니다.

15. 다나카 씨는 소설을 씁니다.

16. 나는 매일 학교에 갑니다.

17. 나는 매일 도서관에 갑니다.

18. 다나카 씨는 일본에 갑니다.

19. 나는 오늘 친구를 만납니다.

20. 나는 오늘 선생님을 만납니다.

연습문제정답

01. 신문을 읽습니다.

新聞を読みます。

02. 책을 읽습니다.

本を読みます。

03. 홍차를 마십니다.

紅茶を飲みます。

04. 커피를 마십니다.

コーヒーを飲みます。

05. 편지를 씁니다.

手紙を書きます。

06. 답장을 씁니다.

返事を書きます。

07. 일본에 갑니다.

日本に行きます。

08. 한국에 갑니다.

韓国に行きます。

09. 친구를 만납니다.

友達に会います。

10. 선생님을 만납니다.

先生に会います。

11. 나는 매일 신문을 읽습니다.

私は毎日新聞を読みます。

12. 그는 매일 책을 읽습니다.

彼は毎日本を読みます。

13. 나는 매일 홍차를 마십니다.

私は毎日紅茶を飲みます。

14. 그녀는 매일 커피를 마십니다.

彼女は毎日コーヒーを飲みます。

15. 다나카 씨는 소설을 씁니다.

たなかさんは小説を書きます。

16. 나는 매일 학교에 갑니다.

私は毎日学校に行きます。

17. 나는 매일 도서관에 갑니다.

私は毎日としょかんに行きます。

18. 다나카 씨는 일본에 갑니다.

たなかさんは日本に行きます。

19. 나는 오늘 친구를 만납니다.

私は今日友達に会います。

20. 나는 오늘 선생님을 만납니다.

私は今日先生に会います。

35강 술은 그다지 마시지 않습니다

문장구조

あまり + 1그룹동사 <s>う단음</s> → い단음 + ません

그다지, 별로   ~지 않습니다

* 1그룹 동사의 정중한 부정문을 만들 때는 동사에서 う단을 い단으로 바꾸고「ません」를 붙입니다.

단어공부

き **聞く**	듣다, 묻다	か **買う**	사다
おんがく **音楽**	음악	**ラジオ**	라디오
かんじ **漢字**	한자	にっき **日記**	일기
さけ **お酒**	술	**まんが**	만화
がいこく **外国**	외국	**デパート**	백화점

문장을 만들어 봅시다.

무엇은 + **あまり** + 　　　　　　　　 + **ません**
은/는　　그다지, 별로　　　　　　　　　~지 않습니다

聞^き←→き
듣다

買^かう→い
사다

書^か←→き
쓰다

飲^のむ→み
마시다

読^よむ→み
읽다

어디に + **あまり** + 行^い←→き + **ません**
에　　그다지, 별로　　　가다　　　~지 않습니다

문장듣고따라하기

<ruby>音楽<rt>おんがく</rt></ruby>はあまり<ruby>聞<rt>き</rt></ruby>きません。

음악은 그다지 듣지 않습니다.

ラジオはあまり<ruby>聞<rt>き</rt></ruby>きません。

라디오는 그다지 듣지 않습니다.

<ruby>高<rt>たか</rt></ruby>いものはあまり<ruby>買<rt>か</rt></ruby>いません。

비싼 물건은 그다지 사지 않습니다.

<ruby>安<rt>やす</rt></ruby>いものはあまり<ruby>買<rt>か</rt></ruby>いません。

싼 물건은 그다지 사지 않습니다.

<ruby>漢字<rt>かんじ</rt></ruby>はあまり<ruby>書<rt>か</rt></ruby>きません。

한자는 그다지 쓰지 않습니다.

文장을 듣고 따라 해 봅시다.

日記はあまり書きません。

일기는 그다지 쓰지 않습니다.

お酒はあまり飲みません。

술은 그다지 마시지 않습니다.

まんがはあまり読みません。

만화는 그다지 읽지 않습니다.

外国にはあまり行きません。

외국에는 그다지 가지 않습니다.

デパートにはあまり行きません。

백화점에는 그다지 가지 않습니다.

문장듣고따라하기

しょうせつ
小説はあまり読みません。

소설은 그다지 읽지 않습니다.

しんぶん
新聞はあまり読みません。

신문은 그다지 읽지 않습니다.

ほん
本はあまり買いません。

책은 그다지 사지 않습니다.

はな
花はあまり買いません。

꽃은 그다지 사지 않습니다.

てがみ
手紙はあまり書きません。

편지는 그다지 쓰지 않습니다.

つめたいものはあまり飲^のみません。

차가운 것은 그다지 마시지 않습니다.

あたたかいものはあまり飲^のみません。

따뜻한 것은 그다지 마시지 않습니다.

図書館^{としょかん}にはあまり行^いきません。

도서관에는 그다지 가지 않습니다.

映画館^{えいがかん}にはあまり行^いきません。

영화관에는 그다지 가지 않습니다.

こうえんにはあまり行^いきません。

공원에는 그다지 가지 않습니다.

배운문장연습하기

01. 음악은 그다지 듣지 않습니다.

02. 라디오는 그다지 듣지 않습니다.

03. 비싼 물건은 그다지 사지 않습니다.

04. 싼 물건은 그다지 사지 않습니다.

05. 한자는 그다지 쓰지 않습니다.

06. 일기는 그다지 쓰지 않습니다.

07. 술은 그다지 마시지 않습니다.

08. 만화는 그다지 읽지 않습니다.

09. 외국에는 그다지 가지 않습니다.

10. 백화점에는 그다지 가지 않습니다.

11. 소설은 그다지 읽지 않습니다.

12. 신문은 그다지 읽지 않습니다.

13. 책은 그다지 사지 않습니다.

14. 꽃은 그다지 사지 않습니다.

15. 편지는 그다지 쓰지 않습니다.

16. 차가운 것은 그다지 마시지 않습니다.

17. 따뜻한 것은 그다지 마시지 않습니다.

18. 도서관에는 그다지 가지 않습니다.

19. 영화관에는 그다지 가지 않습니다.

20. 공원에는 그다지 가지 않습니다.

연습문제정답

01. 음악은 그다지 듣지 않습니다.

音楽はあまり聞きません。

02. 라디오는 그다지 듣지 않습니다.

ラジオはあまり聞きません。

03. 비싼 물건은 그다지 사지 않습니다.

高いものはあまり買いません。

04. 싼 물건은 그다지 사지 않습니다.

安いものはあまり買いません。

05. 한자는 그다지 쓰지 않습니다.

漢字はあまり書きません。

06. 일기는 그다지 쓰지 않습니다.

日記はあまり書きません。

07. 술은 그다지 마시지 않습니다.

お酒はあまり飲みません。

08. 만화는 그다지 읽지 않습니다.

まんがはあまり読みません。

09. 외국에는 그다지 가지 않습니다.

外国にはあまり行きません。

10. 백화점에는 그다지 가지 않습니다.

デパートにはあまり行きません。

11. 소설은 그다지 읽지 않습니다.

小説はあまり読みません。

12. 신문은 그다지 읽지 않습니다.

新聞はあまり読みません。

13. 책은 그다지 사지 않습니다.

本はあまり買いません。

14. 꽃은 그다지 사지 않습니다.

花はあまり買いません。

15. 편지는 그다지 쓰지 않습니다.

手紙はあまり書きません。

16. 차가운 것은 그다지 마시지 않습니다.

つめたいものはあまり飲みません。

17. 따뜻한 것은 그다지 마시지 않습니다.

あたたかいものはあまり飲みません。

18. 도서관에는 그다지 가지 않습니다.

図書館にはあまり行きません。

19. 영화관에는 그다지 가지 않습니다.

映画館にはあまり行きません。

20. 공원에는 그다지 가지 않습니다.

こうえんにはあまり行きません。

36강 일본어 회화를 배웠습니다

문장구조

1그룹동사 <del>う단음</del> → い단음 + **ました**
~었습니다

* 2그룹 동사의 정중한 과거형을 만들 때는 동사에서 う단을 い단으로 바꾸고
「ました」를 붙입니다.

단어공부

の **乗る**	(탈것에) 타다	**とる**	(사진을) 찍다
なら **習う**	배우다	はたら **働く**	일하다
ふね	배	しゃしん **写真**	사진
かいわ **会話**	회화	たいしかん **大使館**	대사관
アメリカ	미국	**コンビニ**	편의점

문장을 만들어 봅시다.

무엇に +
(탈 것) 에

<ruby>乗<rt>の</rt></ruby>る → り
타다

+ **ました**
~었습니다

무엇を +
을/를

とる → り
찍다

+ **ました**
~었습니다

<ruby>習<rt>なら</rt></ruby>う → い
배우다

어디で +
에서

<ruby>働<rt>はたら</rt></ruby> ← → き
일하다

+ **ました**
~었습니다

* 조사 「で」는 두 가지 뜻을 가지고 있습니다. ① 위치, 장소를 나타낼 때는 '~에서' ② 어떤 수단이나 방법, 신분을 나타낼 때는 '~으로'라는 뜻으로 쓰입니다.

문장듣고따라하기

ふ^のねに乗りました。

배에 탔습니다.

バスに^の乗りました。

버스에 탔습니다.

^{しゃしん}写真をとりました。

사진을 찍었습니다.

^{えいが}映画をとりました。

영화를 찍었습니다.

^{にほんご}日本語の^{かいわ}会話を^{なら}習いました。

일본어 회화를 배웠습니다.

문장을 듣고 따라 해 봅시다.

韓国語の会話を習いました。

한국어 회화를 배웠습니다.

コンビニで働きました。

편의점에서 일했습니다.

大使館で働きました。

대사관에서 일했습니다.

電車に乗りました。

전차에 탔습니다.

ちかてつに乗りました。

지하철에 탔습니다.

문장듣고따라하기

えいがかん はたら
映画館で働きました。

영화관에서 일했습니다.

はたら
デパートで働きました。

백화점에서 일했습니다.

としょかん ほん よ
図書館で本を読みました。

도서관에서 책을 읽었습니다.

おんがく き
へやで音楽を聞きました。

방에서 음악을 들었습니다.

しんぶん か
コンビニで新聞を買いました。

편의점에서 신문을 샀습니다.

172

문장을 듣고 따라 해 봅시다.

きのうデパートに行^いきました。

어제 백화점에 갔습니다.

東京^{とうきょう}タワーの前^{まえ}で写真^{しゃしん}をとりました。

도쿄타워 앞에서 사진을 찍었습니다.

ソウルタワーの前^{まえ}で写真^{しゃしん}をとりました。

서울타워 앞에서 사진을 찍었습니다.

アメリカで英語^{えいご}を習^{なら}いました。

미국에서 영어를 배웠습니다.

中国^{ちゅうごく}で中国語^{ちゅうごくご}を習^{なら}いました。

중국에서 중국어를 배웠습니다.

배운문장연습하기

01. 배에 탔습니다.

02. 버스에 탔습니다.

03. 사진을 찍었습니다.

04. 영화를 찍었습니다.

05. 일본어 회화를 배웠습니다.

06. 한국어 회화를 배웠습니다.

07. 편의점에서 일했습니다.

08. 대사관에서 일했습니다.

09. 전차에 탔습니다.

10. 지하철에 탔습니다.

11. 영화관에서 일했습니다.

12. 백화점에서 일했습니다.

13. 도서관에서 책을 읽었습니다.

14. 방에서 음악을 들었습니다.

15. 편의점에서 신문을 샀습니다.

16. 어제 백화점에 갔습니다.

17. 도쿄타워 앞에서 사진을 찍었습니다.

18. 서울타워 앞에서 사진을 찍었습니다.

19. 미국에서 영어를 배웠습니다.

20. 중국에서 중국어를 배웠습니다.

연습문제정답

01. 배에 탔습니다.

ふねに乗りました。

02. 버스에 탔습니다.

バスに乗りました。

03. 사진을 찍었습니다.

写真をとりました。

04. 영화를 찍었습니다.

映画をとりました。

05. 일본어 회화를 배웠습니다.

日本語の会話を習いました。

06. 한국어 회화를 배웠습니다.

韓国語の会話を習いました。

07. 편의점에서 일했습니다.

コンビニで働きました。

08. 대사관에서 일했습니다.

大使館で働きました。

09. 전차에 탔습니다.

電車に乗りました。

10. 지하철에 탔습니다.

ちかてつに乗りました。

11. 영화관에서 일했습니다.

映画館で働きました。

12. 백화점에서 일했습니다.

デパートで働きました。

13. 도서관에서 책을 읽었습니다.

図書館で本を読みました。

14. 방에서 음악을 들었습니다.

へやで音楽を聞きました。

15. 편의점에서 신문을 샀습니다.

コンビニで新聞を買いました。

16. 어제 백화점에 갔습니다.

きのうデパートに行きました。

17. 도쿄타워 앞에서 사진을 찍었습니다.

東京タワーの前で写真をとりました。

18. 서울타워 앞에서 사진을 찍었습니다.

ソウルタワーの前で写真をとりました。

19. 미국에서 영어를 배웠습니다.

アメリカで英語を習いました。

20. 중국에서 중국어를 배웠습니다.

中国で中国語を習いました。

운동을 합니다

문장구조

を + します
을/를   합니다

を + しません
을/를   하지 않습니다

* 불규칙 동사인 3그룹 동사에 속하는 'する(하다)'는 정중하게 표현할 때「します(합니다)」와 같이 활용합니다. 부정형인 '하지 않습니다', 과거형인 '했습니다'는 각각「しません」,「しました」로 표현한다는 것도 알아 두세요.

단어공부

うんどう **運動**	운동	そうじ **掃除**	청소
へんじ **返事**	대답	せんたく **洗濯**	세탁
しゅくだい **宿題**	숙제	さんぽ **散歩**	산책
あいさつ	인사	しょくじ **食事**	식사
うんてん **運転**	운전	りゅうがく **留学**	유학

문장을 만들어 봅시다.

うんどう
運動
운동

＋ を ＋ します
을/를   합니다

そうじ
掃除
청소

しません
하지 않습니다

へんじ
返事
대답

せんたく
洗濯
세탁

しゅくだい
宿題
숙제

さんぽ
散歩
산책

あいさつ
인사

しょくじ
食事
식사

うんてん
運転
운전

りゅうがく
留学
유학

* 때로는 목적격 조사「を(을/를)」는 생략하는 게 더 자연스럽습니다.

문장듣고따라하기

うんどう
運動をします。

운동을 합니다.

そうじ
掃除をします。

청소를 합니다.

へんじ
返事をします。

대답을 합니다.

せんたく
洗濯をします。

세탁을 합니다.

しゅくだい
宿題をします。

숙제를 합니다.

散歩_{さんぽ}をします。

散歩をします。

산책을 합니다.

あいさつをします。

인사를 합니다.

食事_{しょくじ}をします。

식사를 합니다.

運転_{うんてん}をします。

운전을 합니다.

留学_{りゅうがく}をします。

유학을 합니다.

문장듣고따라하기

うんどう
運動をしません。

운동을 하지 않습니다.

そうじ
掃除をしません。

청소를 하지 않습니다.

へんじ
返事をしません。

대답을 하지 않습니다.

せんたく
洗濯をしません。

세탁을 하지 않습니다.

しゅくだい
宿題をしません。

숙제를 하지 않습니다.

문장을 듣고 따라 해 봅시다.

散歩<ruby>さんぽ</ruby>をしません。

산책을 하지 않습니다.

あいさつをしません。

인사를 하지 않습니다.

食事<ruby>しょくじ</ruby>をしません。

식사를 하지 않습니다

運転<ruby>うんてん</ruby>をしません。

운전을 하지 않습니다.

留学<ruby>りゅうがく</ruby>をしません。

유학을 하지 않습니다.

배운문장연습하기

01. 운동을 합니다.

02. 청소를 합니다.

03. 대답을 합니다.

04. 세탁을 합니다.

05. 숙제를 합니다.

06. 산책을 합니다.

07. 인사를 합니다.

08. 식사를 합니다.

09. 운전을 합니다.

10. 유학을 합니다.

11. 운동을 하지 않습니다.

12. 청소를 하지 않습니다.

13. 대답을 하지 않습니다.

14. 세탁을 하지 않습니다.

15. 숙제를 하지 않습니다.

16. 산책을 하지 않습니다.

17. 인사를 하지 않습니다.

18. 식사를 하지 않습니다.

19. 운전을 하지 않습니다.

20. 유학을 하지 않습니다.

연습문제정답

01. 운동을 합니다.
運動をします。

02. 청소를 합니다.
掃除をします。

03. 대답을 합니다.
返事をします。

04. 세탁을 합니다.
洗濯をします。

05. 숙제를 합니다.
宿題をします。

06. 산책을 합니다.
散歩をします。

07. 인사를 합니다.
あいさつをします。

08. 식사를 합니다.
食事をします。

09. 운전을 합니다.
運転をします。

10. 유학을 합니다.
留学をします。

11. 운동을 하지 않습니다.

運動をしません。

12. 청소를 하지 않습니다.

掃除をしません。

13. 대답을 하지 않습니다.

返事をしません。

14. 세탁을 하지 않습니다.

洗濯をしません。

15. 숙제를 하지 않습니다.

宿題をしません。

16. 산책을 하지 않습니다.

散歩をしません。

17. 인사를 하지 않습니다.

あいさつをしません。

18. 식사를 하지 않습니다.

食事をしません。

19. 운전을 하지 않습니다.

運転をしません。

20. 유학을 하지 않습니다.

留学をしません。

한국에 옵니다

문장구조

に + 来ます
~에　　옵니다

に + 来ません
~에　　오지 않습니다

* 불규칙 동사인 3그룹 동사에 속하는 '来る(くる, 오다)'는 정중하게 표현할 때 「きます(옵니다)」와 같이 활용합니다. 부정형은 「きません(오지 않습니다)」으로 활용합니다.

단어공부

韓国 (かんこく)	한국	ソウル	서울
日本 (にほん)	일본	東京 (とうきょう)	도쿄
中国 (ちゅうごく)	중국	ペキン	베이징
イギリス	영국	ロンドン	런던
フランス	프랑스	パリ	파리

문장을 만들어 봅시다.

かんこく
韓国
한국

ソウル
서울

にほん
日本
일본

とうきょう
東京
도쿄

ちゅうごく
中国
중국

ペキン
베이징

イギリス
영국

ロンドン
런던

フランス
프랑스

パリ
파리

+ **に** +
~에

き
来ます
옵니다

き
来ません
오지 않습니다

189

문장듣고따라하기

韓国<ruby>かんこく</ruby>に来<ruby>き</ruby>ます。

한국에 옵니다.

ソウルに来<ruby>き</ruby>ます。

서울에 옵니다.

日本<ruby>にほん</ruby>に来<ruby>き</ruby>ます。

일본에 옵니다.

東京<ruby>とうきょう</ruby>に来<ruby>き</ruby>ます。

도쿄에 옵니다.

中国<ruby>ちゅうごく</ruby>に来<ruby>き</ruby>ます。

중국에 옵니다.

ペキンに来ます。
베이징에 옵니다.

イギリスに来ます。
영국에 옵니다.

ロンドンに来ます。
런던에 옵니다.

フランスに来ます。
프랑스에 옵니다.

パリに来ます。
파리에 옵니다.

문장듣고따라하기

韓国^{かんこく}に来^きません。

한국에 오지 않습니다.

ソウルに来^きません。

서울에 오지 않습니다.

日本^{にほん}に来^きません。

일본에 오지 않습니다.

東京^{とうきょう}に来^きません。

도쿄에 오지 않습니다.

中国^{ちゅうごく}に来^さません。

중국에 오지 않습니다.

ペキンに<ruby>来<rt>き</rt></ruby>ません。

베이징에 오지 않습니다.

イギリスに<ruby>来<rt>き</rt></ruby>ません。

영국에 오지 않습니다.

ロンドンに<ruby>来<rt>き</rt></ruby>ません。

런던에 오지 않습니다.

フランスに<ruby>来<rt>き</rt></ruby>ません。

프랑스에 오지 않습니다.

パリに<ruby>来<rt>き</rt></ruby>ません。

파리에 오지 않습니다.

배운문장연습하기

01. 한국에 옵니다.

02. 서울에 옵니다.

03. 일본에 옵니다.

04. 도쿄에 옵니다.

05. 중국에 옵니다.

06. 베이징에 옵니다.

07. 영국에 옵니다.

08. 런던에 옵니다.

09. 프랑스에 옵니다.

10. 파리에 옵니다.

11. 한국에 오지 않습니다.

12. 서울에 오지 않습니다.

13. 일본에 오지 않습니다.

14. 도쿄에 오지 않습니다.

15. 중국에 오지 않습니다.

16. 베이징에 오지 않습니다.

17. 영국에 오지 않습니다.

18. 런던에 오지 않습니다.

19. 프랑스에 오지 않습니다.

20. 파리에 오지 않습니다.

연습문제정답

01. 한국에 옵니다.
韓国に来ます。

02. 서울에 옵니다.
ソウルに来ます。

03. 일본에 옵니다.
日本に来ます。

04. 도쿄에 옵니다.
東京に来ます。

05. 중국에 옵니다.
中国に来ます。

06. 베이징에 옵니다.
ペキンに来ます。

07. 영국에 옵니다.
イギリスに来ます。

08. 런던에 옵니다.
ロンドンに来ます。

09. 프랑스에 옵니다.
フランスに来ます。

10. 파리에 옵니다.
パリに来ます。

11. 한국에 오지 않습니다.

韓国に来ません。

12. 서울에 오지 않습니다.

ソウルに来ません。

13. 일본에 오지 않습니다.

日本に来ません。

14. 도쿄에 오지 않습니다.

東京に来ません。

15. 중국에 오지 않습니다.

中国に来ません。

16. 베이징에 오지 않습니다.

ペキンに来ません。

17. 영국에 오지 않습니다.

イギリスに来ません。

18. 런던에 오지 않습니다.

ロンドンに来ません。

19. 프랑스에 오지 않습니다.

フランスに来ません。

20. 파리에 오지 않습니다.

パリに来ません。

39강 어제는 비가 내리지 않았습니다

문장구조

2그룹동사 ~~る~~ + ませんでした
~지 않았습니다

1그룹동사 ~~う단음~~ →い단음 + ませんでした
~지 않았습니다

~~する~~→し
~~くる~~→き + ませんでした
~지 않았습니다

단어공부

借りる	빌리다	貸す	빌려주다
返す	돌려주다	降る	내리다
名前	이름	薬	약
予定	일정	ニュース	뉴스
ノート	노트	スーツ	슈트

문장을 만들어 봅시다.

借^かりる
빌리다

+ ませんでした
~지 않았습니다

貸^かす→し
빌려주다

返^{かえ}す→し
돌려주다

降^ふる→り
내리다

ある→り
있다

+ ませんでした
~지 않았습니다

する→し
하다

来る→き
오다

+ ませんでした
~지 않았습니다

문장듣고따라하기

本<ruby>ほん</ruby>を借<ruby>か</ruby>りませんでした。

책을 빌리지 않았습니다.

カメラを借<ruby>か</ruby>りませんでした。

카메라를 빌리지 않았습니다.

ペンを貸<ruby>か</ruby>しませんでした。

펜을 빌려주지 않았습니다.

傘<ruby>かさ</ruby>を貸<ruby>か</ruby>しませんでした。

우산을 빌려주지 않았습니다.

お金<ruby>かね</ruby>を返<ruby>かえ</ruby>しませんでした。

돈을 돌려주지 않았습니다.

ノートを<ruby>返<rt>かえ</rt></ruby>しませんでした。

노트를 돌려주지 않았습니다.

<ruby>昨日<rt>きのう</rt></ruby>は<ruby>雨<rt>あめ</rt></ruby>が<ruby>降<rt>ふ</rt></ruby>りませんでした。

어제는 비가 내리지 않았습니다.

*<ruby>雨<rt>あめ</rt></ruby>：비

<ruby>昨日<rt>きのう</rt></ruby>は<ruby>雪<rt>ゆき</rt></ruby>が<ruby>降<rt>ふ</rt></ruby>りませんでした。

어제는 눈이 내리지 않았습니다.

*<ruby>雪<rt>ゆき</rt></ruby>：눈

<ruby>先週<rt>せんしゅう</rt></ruby>は<ruby>予定<rt>よてい</rt></ruby>がありませんでした。

지난주는 일정이 없었습니다.

<ruby>先週<rt>せんしゅう</rt></ruby>は<ruby>約束<rt>やくそく</rt></ruby>がありませんでした。

지난주는 약속이 없었습니다.

문장듣고따라하기

宿題^{しゅくだい}をしませんでした。

숙제를 하지 않았습니다.

返事^{へんじ}が来ませんでした。

답장이 오지 않았습니다.

朝^{あさ}ご飯^{はん}を食^たべませんでした。

아침밥을 먹지 않았습니다.

名前^{なまえ}を書^かきませんでした。

이름을 쓰지 않았습니다.

昨日^{きのう}はスーツを着^きませんでした。

어제는 슈트를 입지 않았습니다.

ゆうべ、薬を飲みませんでした。

어젯밤 약을 먹지 않았습니다.

ゆうべ、ニュースを見ませんでした。

어젯밤 뉴스를 보지 않았습니다.

ゆうべ、日記を書きませんでした。

어젯밤 일기를 쓰지 않았습니다.

今朝、新聞を読みませんでした。

오늘 아침 신문을 읽지 않았습니다.

今朝、運動をしませんでした。

오늘 아침 운동을 하지 않았습니다.

배운문장연습하기

01. 책을 빌리지 않았습니다.

02. 카메라를 빌리지 않았습니다.

03. 펜을 빌려주지 않았습니다.

04. 우산을 빌려주지 않았습니다.

05. 돈을 돌려주지 않았습니다.

06. 노트를 돌려주지 않았습니다.

07. 어제는 비가 내리지 않았습니다.

08. 어제는 눈이 내리지 않았습니다.

09. 지난주는 일정이 없었습니다.

10. 지난주는 약속이 없었습니다.

11. 숙제를 하지 않았습니다.

12. 답장이 오지 않았습니다.

13. 아침밥을 먹지 않았습니다.

14. 이름을 쓰지 않았습니다.

15. 어제는 슈트를 입지 않았습니다.

16. 어젯밤 약을 먹지 않았습니다.

17. 어젯밤 뉴스를 보지 않았습니다.

18. 어젯밤 일기를 쓰지 않았습니다.

19. 오늘 아침 신문을 읽지 않았습니다.

20. 오늘 아침 운동을 하지 않았습니다.

연습문제정답

01. 책을 빌리지 않았습니다.
本を借りませんでした。

02. 카메라를 빌리지 않았습니다.
カメラを借りませんでした。

03. 펜을 빌려주지 않았습니다.
ペンを貸しませんでした。

04. 우산을 빌려주지 않았습니다.
傘を貸しませんでした。

05. 돈을 돌려주지 않았습니다.
お金を返しませんでした。

06. 노트를 돌려주지 않았습니다.
ノートを返しませんでした。

07. 어제는 비가 내리지 않았습니다.
昨日は雨が降りませんでした。

08. 어제는 눈이 내리지 않았습니다.
昨日は雪が降りませんでした。

09. 지난주는 일정이 없었습니다.
先週は予定がありませんでした。

10. 지난주는 약속이 없었습니다.
先週は約束がありませんでした。

11. 숙제를 하지 않았습니다.

宿題をしませんでした。

12. 답장이 오지 않았습니다.

返事が来ませんでした。

13. 아침밥을 먹지 않았습니다.

朝ご飯を食べませんでした。

14. 이름을 쓰지 않았습니다.

名前を書きませんでした。

15. 어제는 슈트를 입지 않았습니다.

昨日はスーツを着ませんでした。

16. 어젯밤 약을 먹지 않았습니다.

ゆうべ、薬を飲みませんでした。

17. 어젯밤 뉴스를 보지 않았습니다.

ゆうべ、ニュースを見ませんでした。

18. 어젯밤 일기를 쓰지 않았습니다.

ゆうべ、日記を書きませんでした。

19. 오늘 아침 신문을 읽지 않았습니다.

今朝、新聞を読みませんでした。

20. 오늘 아침 운동을 하지 않았습니다.

今朝、運動をしませんでした。

술을 자주 마십니까?

문장구조

2그룹동사 ~~る~~ + ますか
~니까?

1그룹동사 ~~う단음~~ →い단음 + ますか
~니까?

~~する~~→し
~~くる~~→き + ますか
~니까?

단어공부

いつ	언제	いつも	항상, 언제나
どう	어떻게	よく	자주
どんな	어떤	どこ	어디
<ruby>誰<rt>だれ</rt></ruby>	누구	<ruby>誰<rt>だれ</rt></ruby>か	누군가
<ruby>受付<rt>うけつけ</rt></ruby>	접수처	<ruby>売り場<rt>う ば</rt></ruby>	파는 곳, 매표소

문장을 만들어 봅시다.

た
食べる
먹다

おし
教える
가르치다

+ **ますか**
~니까?

ふ
降る →り
내리다

の
飲む →み
마시다

い
行く →き
가다

よ
読む →み
읽다

き
聞く →き
듣다

あ
会う →い
듣다

+ **ますか**
~니까?

する →し
하다

来る →き
오다

+ **ますか**
~니까?

문장듣고따라하기

きょう あめ ふ
今日、雨が降りますか。

오늘 비가 내립니까?

あした ゆき ふ
明日、雪が降りますか。

내일 눈이 내립니까?

さけ の
お酒をよく飲みますか。

술을 자주 마십니까?

くだもの た
果物をよく食べますか。

과일을 자주 먹습니까?

あさ はん た
いつも朝ご飯を食べますか。

항상 아침밥을 먹습니까?

文장을 듣고 따라 해 봅시다.

いつもスーツを着<ruby>着<rt>き</rt></ruby>ますか。

항상 슈트를 입습니까?

<ruby>受付<rt>うけつけ</rt></ruby>はどこにありますか。

접수처는 어디에 있습니까?

かばん<ruby>売り場<rt>う ば</rt></ruby>は<ruby>何階<rt>なんかい</rt></ruby>にありますか。

가방 파는 곳은 몇층에 있습니까?

* 何階 (なんかい) : 몇층

<ruby>空港<rt>くうこう</rt></ruby>までどう<ruby>行<rt>い</rt></ruby>きますか。

공항까지 어떻게 갑니까?

<ruby>東京駅<rt>とうきょうえき</rt></ruby>までどう<ruby>行<rt>い</rt></ruby>きますか。

도쿄역까지 어떻게 갑니까?

문장듣고따라하기

きょう だれ
今日、誰か来ますか。

오늘 누군가 옵니까?

へや なか だれ
部屋の中に誰かいますか。

방 안에 누군가 있습니까?

だれ えいご おし
誰が英語を教えますか。

누가 영어를 가르칩니까?

どようび なに
土曜日に何をしますか。

토요일에 무엇을 합니까?

せんせい なに おし
よしもと先生は何を教えますか。

요시모토 선생님은 무엇을 가르칩니까?

このバスは東京駅に行きますか。

이 버스는 도쿄역에 갑니까?

どんな本をよく読みますか。

어떤 책을 자주 읽습니까?

どんな音楽をよく聞きますか。

어떤 음악을 자주 듣습니까?

キムさんはいつ日本に来ますか。

김 씨는 언제 일본에 옵니까?

たなかさんはいつ友達に会いますか。

다나카 씨는 언제 친구를 만납니까?

배운문장연습하기

01. 오늘 비가 내립니까?

02. 내일 눈이 내립니까?

03. 술을 자주 마십니까?

04. 과일을 자주 먹습니까?

05. 항상 아침밥을 먹습니까?

06. 항상 슈트를 입습니까?

07. 접수처는 어디에 있습니까?

08. 가방 파는 곳은 몇층에 있습니까?

09. 공항까지 어떻게 갑니까?

10. 도쿄역까지 어떻게 갑니까?

11. 오늘 누군가 옵니까?

12. 방 안에 누군가 있습니까?

13. 누가 영어를 가르칩니까?

14. 토요일에 무엇을 합니까?

15. 요시모토 선생님은 무엇을 가르칩니까?

16. 이 버스는 도쿄역에 갑니까?

17. 어떤 책을 자주 읽습니까?

18. 어떤 음악을 자주 듣습니까?

19. 김 씨는 언제 일본에 옵니까?

20. 다나카 씨는 언제 친구를 만납니까?

연습문제정답

01. 오늘 비가 내립니까?

今日、雨が降りますか。

02. 내일 눈이 내립니까?

明日、雪が降りますか。

03. 술을 자주 마십니까?

お酒をよく飲みますか。

04. 과일을 자주 먹습니까?

果物をよく食べますか。

05. 항상 아침밥을 먹습니까?

いつも朝ご飯をたべますか。

06. 항상 슈트를 입습니까?

いつもスーツを着きますか。

07. 접수처는 어디에 있습니까?

受付はどこにありますか。

08. 가방 파는 곳은 몇층에 있습니까?

かばん売り場は何階にありますか。

09. 공항까지 어떻게 갑니까?

空港までどう行きますか。

10. 도쿄역까지 어떻게 갑니까?

東京駅までどう行きますか。

11. 오늘 누군가 옵니까?

今日、誰か来ますか？

12. 방 안에 누군가 있습니까?

部屋の中に誰かいますか。

13. 누가 영어를 가르칩니까?

誰が英語を教えますか。

14. 토요일에 무엇을 합니까?

土曜日に何をしますか。

15. 요시모토 선생님은 무엇을 가르칩니까?

よしもと先生は何を教えますか。

16. 이 버스는 도쿄역에 갑니까?

このバスは東京駅に行きますか。

17. 어떤 책을 자주 읽습니까?

どんな本をよく読みますか。

18. 어떤 음악을 자주 듣습니까?

どんな音楽をよく聞きますか。

19. 김 씨는 언제 일본에 옵니까?

キムさんはいつ日本に来ますか。

20. 다나카 씨는 언제 친구를 만납니까?

たなかさんはいつ友達に会いますか。

주어진 동사를 보고 몇 그룹인지 구분한 후 ます형으로 바꿔 보세요.

	동사	그룹	ます형 (~입니다)
1	<ruby>会<rt>あ</rt></ruby>う		
2	<ruby>待<rt>ま</rt></ruby>つ		
3	<ruby>起<rt>お</rt></ruby>きる		
4	<ruby>遊<rt>あそ</rt></ruby>ぶ		
5	<ruby>行<rt>い</rt></ruby>く		
6	する		
7	<ruby>乗<rt>の</rt></ruby>る		
8	<ruby>急<rt>いそ</rt></ruby>ぐ		
9	<ruby>売<rt>う</rt></ruby>る		
10	<ruby>着<rt>き</rt></ruby>る		
11	<ruby>飲<rt>の</rt></ruby>む		
12	<ruby>話<rt>はな</rt></ruby>す		
13	<ruby>寝<rt>ね</rt></ruby>る		
14	<ruby>来<rt>く</rt></ruby>る		

	동사	그룹	ます형 (~입니다)
1	会_あう	1그룹	会_あいます
2	待_まつ	1그룹	待_まちます
3	起_おきる	2그룹	起_おきます
4	遊_{あそ}ぶ	1그룹	遊_{あそ}びます
5	行_いく	1그룹	行_いきます
6	する	3그룹	します
7	乗_のる	1그룹	乗_のります
8	急_{いそ}ぐ	1그룹	急_{いそ}ぎます
9	売_うる	1그룹	売_うります
10	着_きる	2그룹	着_きます
11	飲_のむ	1그룹	飲_のみます
12	話_{はな}す	1그룹	話_{はな}します
13	寝_ねる	2그룹	寝_ねます
14	来_くる	3그룹	来_きます